10578

LE PASSAGE

DE

LA BÉRÉSINA,

TRADUIT DU RUSSE DU GÉNÉRAL DANILEVSKY,

D'APRÈS DES DOCUMENS AUTHENTIQUES,

ORNÉ DE DOUZE PLANS DE BATAILLES ET DE POSITIONS,

et

PRÉCÉDÉ D'UN AVANT-PROPOS.

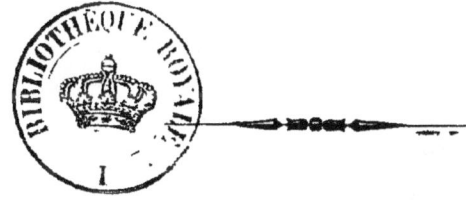

PARIS. — IMPRIMERIE DE COSSON,
RUE SAINT-GERMAIN-DES-PRÉS, 9.
1842

AVANT-PROPOS.

> What! canst thou say all this
> and never blush?
>
> SHAKSPEARE, *Titus Andronicus.*
> Acte Ier, Sc. 5.

Le *Foreign Quarterly Review* (1), a donné quelques extraits des mémoires de l'amiral Tchitchagoff, ancien ministre de la marine russe.

Si l'auteur se fût borné à écrire un

---

(1) N° 53. — April 1841.

ouvrage hostile à son pays, nous lui aurions laissé la responsabilité de cette espèce d'apostasie politique, mais, comme dans l'intérêt de sa justification il a souvent altéré les faits, nous regardons comme un devoir de les rétablir dans leur vérité.

Quel que soit le sentiment qui a dicté à M. Tchitchagoff les assertions injustes qu'il a déversées sur le pays qui l'a vu naître, il aura encouru le blâme le plus sévère de la part de tous les gens de bien de tous les pays. Assez d'écrivains sans lui ont dénigré la Russie, mais ceux-là étaient étrangers, on pouvait les réfuter sans les mésestimer, aucun lien ne les rattachait aux institutions qu'ils attaquaient, aucune convenance ne leur imposait silence, et ils pouvaient tout dire sans forfaire à leurs devoirs.

Quant à l'amiral Tchitchagoff, il

avait d'autant moins le droit de médire de son pays natal, que loin d'avoir subi l'ostracisme, il l'a quitté volontairement et comblé de richesse par les souverains de la Russie.

Pour donner en quelque sorte, la mesure de la confiance que méritent les mémoires de M. Tchitchagoff, nous esquisserons quelques traits de la vie politique de ce général, et nous le ferons avec vérité et impartialité, en écartant tout sentiment d'indignation qu'a soulevé en nous cette étrange publication.

Le rédacteur du *Foreign Quarterly Review*, après avoir fait un tableau séduisant de l'indépendance personnelle de son héros, et à laquelle, selon le même rédacteur, l'empereur Nicolas aurait voulu porter atteinte par un oukaze, qui rappelait tous les Russes résidant à l'étranger, ajoute que l'empereur, malgré sa puissante autorité, est incapable de comprimer une seule fibre du cœur d'un homme libre; que l'amiral Tchitchagoff préfère la liberté à ses riches possessions, et qu'il n'en est pas moins heureux dans son *cottage* de *Brighton*, qui, *ne fût-il éclairé que par la lune*, ne le cède point en importance aux vastes domaines de l'empereur.

Et d'abord M. Tchitchagoff n'a perdu aucun bien en Russie; et sous ce rapport nous allons entrer dans quelques détails, dont l'auteur des mémoires inédits ne nous contestera pas l'exactitude.

Le père de M. Tchitchagoff était aussi amiral; il a servi avec une grande distinction et a été décoré de l'ordre de St-Georges de la première classe.

C'est une des plus grandes dignités qu'un militaire puisse ambitionner; on compte tout au plus quinze chevaliers de la première classe, depuis l'institution de cet ordre. Aujourd'hui, en Russie, le seul maréchal Paskévitch jouit de cette distinction ; l'empereur lui-même ne porte que la petite croix. Il fallait remporter une victoire décisive pour l'obtenir ; et en effet, l'amiral Tchitchagoff père, fit des prodiges de valeur, pendant la guerre contre les Suédois ; il remporta plusieurs victoires sur des forces supérieures de la flotte ennemie, entre autres celle d'OEland, en 1789, le 15 juillet ; en 1790, le 2 mai, près de la rade de Revel, où avec dix vaisseaux il battit les Suédois, qui en avaient 26, sous les ordres du duc de Sudermanland ; enfin, le 21 juin il défit complètement l'armée navale de Suède commandée par le roi en personne, et procura à la Russie une paix glorieuse. Mais l'amiral Tchitchagoff père n'était pas riche, et l'on

cite à cette occasion l'anecdote suivante :
L'impératrice Catherine II le décora du cordon de St-André, et lorsqu'elle l'annonça au ministre qui était l'ami de Tchitchagoff, celui-ci pria l'impératrice de lui envoyer deux cordons à la fois ; Catherine qui savait que l'amiral n'avait pas beaucoup d'embonpoint, interpella le ministre sur la raison de cette singulière demande ; celui-ci répliqua que l'amiral était si pauvre, qu'il n'avait pas de quoi acheter un nouveau ruban lorsqu'il aurait usé le premier. Alors Catherine donna à l'amiral une terre de 1288 paysans ; plus tard elle ajouta à ce don celui d'une autre terre de 2417 paysans, ce qui représente à peu près 100,000 roubles de revenu.

L'auteur des mémoires, lorsqu'il eut quitté la Russie, réalisa toute cette fortune par une transaction avec son frère et transporta tous ses fonds en France, où il acquit une jolie terre dans les environs de Sceaux, banlieue de Paris.

Abstraction faite de la fortune dont il avait hérité de son frère, l'amiral Tchitchagoff jouissait d'une pension de plus de 60,000 fr. que lui avait acordée l'empereur Alexandre; il la toucha intégralement en vivant à l'étranger pendant environ 20 ans. Au nombre des donations faites à l'amiral, il faut comprendre une terre qui rapporte environ 40,000 fr., et dont l'usufruit lui a été donné par l'empereur Alexandre. Ces sortes de donations que l'on nomme en Russie *arenda*, se font pour 12, 15 et 25 ans; quelquefois, par faveur spéciale, on en obtient la jouissance viagère, et l'amiral Tchitchagoff a eu les avantages qui confèrent ces rares exceptions.

L'empereur Nicolas, plus juste que

son prédécesseur, a voulu que M. Tchitchagoff, si magnifiquement rétribué, s'il ne voulait pas servir la Russie, se conformât du moins aux lois de son pays qui l'obligeaient comme tous ses compatriotes à ne séjourner que cinq ans loin de sa patrie, ou à demander une prolongation motivée, faveur qui est toujours accordée.

On conviendra qu'il n'y a aucune raison pour que l'amiral, par un privilége non mérité, en fût exempté. L'auteur des mémoires préféra se faire naturaliser Anglais et renoncer à tout jamais à sa patrie. Jusques là, bien qu'il y ait lieu de remarquer la coïncidence de la détermination de l'amiral avec la mesure qui l'atteignait dans ses intérêts, on pourrait à la rigueur ne pas lui contester le droit d'abjurer solennellement sa nationalité.

Mais lorsque ce même homme, excité

par un sentiment de rancune, se permet des calomnies odieuses sur un pays à qui il doit tout et qui est le sien, et qu'il ose même attenter à l'honneur du caractère national, il n'y a pas de paroles assez sévères pour flétrir une telle conduite.

Libre à M. Tchitchagoff de se déclarer citoyen anglais ; c'est une affaire de goût et de conscience ; mais quoi qu'il fasse, il est hors de son pouvoir de répudier le passé et d'anéantir, en même temps que sa gratitude, les bienfaits dont il a été comblé.

Le jugement qu'il porte sur Catherine II est loin d'être exact ; les louanges qu'il lui prodigue trahissent l'intention de préconiser Catherine II au détriment de ses successeurs : « Elle fut, dit-il, le
» premier autocrate qui conçut l'idée
» d'un gouvernement progressif, et qui
» fit dans ce but des concessions au peu-
» ple, en limitant le pouvoir absolu. »

Cette assertion est notoirement fausse, car si la postérité peut reprocher quelque chose à Pierre-le-Grand, c'est d'avoir été trop hâtivement progressif. Les concessions que Catherine fit au peuple, aux dépens du pouvoir absolu, ne sont rien moins que problématiques. Sans vouloir dénier à cette princesse le mérite d'avoir fait un bien immense à la Russie, restons d'accord avec tous les témoignages historiques, en affirmant qu'il n'a été fait aucune concession au peuple durant son règne. Cette princesse était trop sage pour tenter une pareille réaction à une époque où l'ignorance des masses l'aurait indubitablement rendue sanglante et désastreuse. La révolte de Pougatchef avec ses horribles massacres suffirait pour prouver comment le peuple entendait alors la liberté. Sans doute, l'impératrice Catherine, par sa rare intelligence et la douceur de son règne, a su tempérer l'âcreté des mœurs du peuple russe, préparant ainsi dans les limites du possible les voies du progrès qui s'est développé sous les auspices des deux derniers souverains. A Dieu ne plaise que nous voulions porter la plus légère atteinte à la gloire si rayonnante de l'impératrice Catherine ; tout ce qu'elle a pu faire pour le bien-être, la civilisation et la gloire de ses peuples, elle l'a fait, mais elle a dû laisser le soin d'achever ses travaux à ses successeurs. En effet, l'insuccès des réformes ne dépend pas toujours du souverain, mais du siècle qui les entrave, et ce n'est qu'en présence de l'impossibilité, mais non de la difficulté de la tâche, que Catherine s'est arrêtée. Si l'on nous objectait que nous avons l'intention de jeter quelque ombre sur la gloire de Catherine pour faire ressortir l'éclat des règnes suivans, nous serions réduits à nous citer nous-même pour repousser une semblable interprétation. Ce n'est donc pas nous qui voulons obscurcir cette haute intelligence, et pour le prouver, nous allons citer quelques lignes d'un ouvrage que nous avons publié pour défendre la mémoire de cette grande souveraine.

« Ce n'est pas seulement pour réfuter
» l'ouvrage de madame d'Abrantès que
» j'ai pris la plume, j'ai voulu aussi for-
» tement encore protester contre ces
» tristes holocaustes historiques, contre
» cette manie des contemporains d'im-
» moler sans pitié à la malignité publi-
» que les plus grands noms de toutes les
» époques et de tous les pays.

» Mettons sous les yeux de madame
» d'Abrantès, dans un tableau concis,

» toutes les phases de ce règne si fertile
» en grands évènemens, en institutions
» utiles; déroulons cette série immense
» de travaux conçus et exécutés par la
» vaste intelligence qui, pendant trente-
» cinq années, a tenu les rênes d'un
» gouvernement aussi difficile; qui, pen-
» dant cette longue et brillante période,
» a conduit la Russie de victoires en
» victoires, de conquêtes en conquêtes
» et d'améliorations en améliorations.
» Plusieurs siècles n'auraient pas suffi
» pour l'accomplissement de tous les
» projets réalisés par la volonté de Ca-
» therine II, si son génie, d'une persé-
» vérance égale à son intelligence, n'a-
» vait puissamment secondé toutes ses
» entreprises. »

Ce n'est réellement que sous le règne d'Alexandre qu'il a été défendu de vendre les hommes sans la terre; cette défense a été énergiquement renouvelée sous le règne actuel.

L'impératrice Catherine, se conformant à l'esprit de son siècle, gratifiait ses ministres et ses fonctionnaires en leur donnant des paysans par milliers, témoin le père de l'amiral qui en a reçu quatre mille ; c'est ainsi qu'au lieu de diminuer les esclaves, elle en a créé une quantité innombrable, tandis que sous le règne des empereurs Alexandre et Nicolas il n'en a pas été donné un seul. La sollicitude de l'empereur actuel pour ses peuples s'est encore manifestée dans plusieurs autres circonstances. Des mesures sages ont été prises, afin qu'une surveillance active fût exercée sur l'administration des propriétaires nobles ; non seulement le maréchal de la noblesse est investi du pouvoir de faire des remontrances aux gentilshommes qui abuseraient de leur pouvoir sur leurs serfs, et de recevoir toutes les plaintes qui lui seraient adressées par les paysans, mais, en outre, il a le droit de faire des enquêtes, qui souvent se terminent par l'interdiction. Un officier supérieur de la gendarmerie, qui réside, en outre, dans les principales villes de l'empire, surveille avec vigilance et réprime les désordre de tous genres; le chef de la gendarmerie, le comte de Benkendorff, exerce, à son tour, une surveillance bienfaisante à laquelle échapperaient difficilement des actes d'oppression. Les fréquens voyages de l'empereur qui, en parcourant ses états, reçoit toutes les plaintes sont, en quelque sorte, le dernier terme de ces garanties, et il est arrivé maintes fois qu'à la suite de ces voyages, des propriétaires qui abusaient de leur autorité ont été interdits, et que justice pleine et entière a été faite des abus signalés.

Le ministère des domaines publics, institué en 1838, a, par une sage organisation, augmenté la somme de bien-être des paysans. Le comte Kisséleff, qui a été placé à la tête de ce nouveau département, poursuit avec une noble énergie les réformes salutaires et l'organisation nouvelle qu'il est appelé à établir.

L'impératrice Catherine a illustré son règne par des innovations sages, des améliorations admirables, mais qui touchent presque exclusivement les hautes classes de la société ; la Russie lui doit une éternelle reconnaissance ; car, nous le répétons, c'est elle qui a su préluder avec une haute sagesse au bien-être qui a été fait ultérieurement dans l'intérêt de toutes les classes. Au demeurant, il est fort naturel que M. Tchitchagoff préfère le règne de l'impératrice Catherine à ceux de ses successeurs; il a, sans figure aucune, été payé pour cela.

L'auteur des Mémoires poursuit en ces termes : « La Russie, avant son rè-
» gne (l'impératrice Catherine), n'avait
» d'autre gouvernement qu'un pouvoir
» brutal plus ou moins oppresseur; Ca-
» therine voulut apprendre à ses sujets
» à apprécier les bienfaits d'une exi-
» stence sociale garantie par des insti-
» tutions. »

Il est surprenant qu'un homme, qui a occupé un poste si élevé en Russie, ignore ou feigne d'ignorer tout ce qui a été fait par les prédécesseurs de Catherine; mais nous pouvons révoquer en doute la sincérité des paroles de l'amiral; car il vient de nous dire lui-même que l'époux de cette princesse, dès le commencement de son règne, avait émancipé la noblesse, et que Catherine *assura* aux nobles les droits que ce prince leur avait octroyés. Quelques lignes plus bas, l'auteur ajoute : *Elle continua à faire observer* l'abolition de la peine de mort décrétée par l'impératrice Élisabeth.

Il résulte de cela que les prédécesseurs de Catherine II avaient doté le pays d'institutions salutaires, et que la peine de mort avait été abolie avant elle; enfin, que Catherine avait maintenu toutes ces dispositions, ce qui détruit formellement les argumens de l'amiral *sur le pouvoir brutal et oppresseur* qui aurait existé avant son avènement au trône.

« L'homme, dit-il, était aussi libre à
» Saint-Pétersbourg qu'à Londres, et
» pouvait s'y amuser autant qu'à Paris. »

Mais depuis quand ne l'est-il plus? et

en vertu de quel oukase est-il interdit de s'amuser? Nous pouvons certifier à M. Tchitchagoff que l'on est infiniment plus libre aujourd'hui qu'on ne l'a jamais été sous le règne de Catherine, et que cette liberté s'étend à toutes les classes de la société.

Suit une longue diatribe contre le pouvoir arbitraire du souverain de la Russie; et ici, qu'il nous soit permis de recueillir nos souvenirs personnels et de les opposer à l'amiral, comme antidote à ses déclamations.

Tous les contemporains de l'amiral Tchitchagoff sont unanimes pour lui reprocher d'avoir été lui-même l'homme le plus impitoyable, et un des chefs les plus durs dans sa carrière active, soit comme ministre de la marine, soit à la tête de l'armée de Moldavie, en 1812. A le voir si absolu dans le commandement, personne n'eût pu soupçonner qu'il s'attaquerait un jour au despotisme, si ce n'est pour faire amende honorable.

Tout le monde connaît l'altercation qu'il eut avec l'empereur Paul ; certes ce prince en usa encore avec assez d'indulgence envers un homme qui semblait défier la juste colère de son souverain par les expressions les plus violentes, et tout cela pour un passe-droit.

Nous avons été, pour ainsi dire, témoin de la manière dont il a traité le général Ertel, sur qui il voulait rejeter les fautes qu'il avait commises en 1812 (1).

(1) Il est vrai que le général Ertel avait refusé d'obéir aux ordres de l'amiral qui lui prescrivait de quitter Mozyr, comme on le verra plus tard dans la relation que nous donnerons sur les opérations de l'amiral Tchitchagoff. Le général Ertel, lors d'une explication qu'il eut avec l'amiral, en présence de tout l'état-major, entre autres motifs qu'il allégua pour justifier sa conduite, lui dit qu'une épizootie s'étant dé-

L'auteur cherche ensuite à expliquer l'origine du pouvoir absolu en Russie, et il l'attribue à tort au mélange des peuples divers dont l'ensemble constitue la nation russe.

Il est constant que la Russie, comparativement à l'Autriche, par exemple, renferme infiniment plus d'élémens d'homogénéité ; l'empire d'Autriche, numériquement parlant, n'offre qu'une population de 7 millions d'Autrichiens sur ses 32 millions d'habitans. Les Slaves seuls y figurent pour 16 millions ; viennent ensuite les Italiens et les Hongrois. Les mœurs, la religion et la physionomie de ces peuples présentent un contraste frappant avec le caractère de la population aborigène; tandis qu'en Rus-

clarée parmi les chevaux de sa cavalerie, il s'était vu obligé de retarder sa marche. — Une épizootie, répliqua l'amiral; et vous n'en êtes pas mort?

sie la race slave est prédominante, la religion l'est également; c'est ainsi que, d'après les dernières évaluations statistiques, on compte en Russie plus de 50 millions d'individus de race slave et 48 millions d'hommes professant la religion grecque (1). D'ailleurs, l'amiral doit savoir que la même langue est parlée et la même religion pratiquée par la

(1) D'après les renseignemens les plus récens publiés par M. Koeppen de l'Académie des sciences de St-Pétersbourg, il résulte qu'en 1838 le chiffre de la population de la Russie proprement dite s'élevait à 54,000,000 d'individus, sans compter les militaires; tandis que le total de la population de tout l'empire pouvait être évalué, à la même époque, à 62,500,000 d'individus.

Dans ce calcul étaient compris, 1° l'armée et la flotte, et en général tous ceux qui, directement ou indirectement, font partie de l'état militaire, pour. . . . . 1 1/3 million.
Les tribus des montagnards du Caucase, habitant un territoire compris dans les limites de l'empire. . . 1 1/2 million.

grande majorité des habitans des bords
de la Léna à ceux de la Narèva, ainsi
que de la mer Glaciale à la mer Noire.

    Les habitans du royaume de Po-
logne . . . . 4 1/3 millions.
    Les habitans du Grand-Duché de
Finlande. . . . . 1 1/3 million.
    Le total des habitans de ce que l'on peut appeler
la Russie dans le sens le plus limité, pouvait s'évaluer, en 1838, à 53 millions 1/4.
    Des tableaux des naissances et des décès de la po-
pulation appartenant à l'église grecque, sont publiés
chaque année par le St-Synode; ils nous apprennent
que dans les cinq années, depuis 1835 jusqu'à 1839
inclusivement, l'excédant des naissances s'élevait
à 3,100,924 individus : le reste de la population,
d'après le compte-rendu du ministère de l'intérieur,
sous la direction duquel sont placés tous les cultes
étrangers, était, en 1838, de 7 millions 1/4, et en
supposant que depuis lors elle ne se soit accrue que
de 1 p. 0/0 chaque année, on ne saurait l'évaluer à
moins de 7 millions 1/2 pour la fin de l'année cou-
rante, ce qui donne 55 millions pour la totalité des
habitans de la Russie proprement dite. Quant à la
population entière de tous les pays soumis au sceptre

L'amiral ajoute : « Et pourtant cette
» Russie existe et prend un accroisse-
» ment immense; elle n'a point cessé de
» progresser, comme si elle possédait un
» excellent gouvernement, et en dépit
» de l'absence d'institutions politiques. »

C'est tout ce que nous aurions pu lui répliquer pour renverser son raisonnement. Toutefois, l'auteur des Mémoires fait des efforts inouïs pour expliquer à sa manière cette flagrante anomalie, et

russe, elle doit présenter, au commencement de 1842, un total de 65 millions d'individus. Cette progression est basée sur les tableaux des naissances et des décès dont l'excédant peut être évalué, terme moyen, à 700,000 individus par an. Le chiffre de la population du royaume de Pologne, du Grand-Duché de Finlande, des provinces transcaucasiennes, des tribus du Caucase, et des habitans de la côte nord-ouest de l'Amérique, s'élève à 9 1/2 millions d'individus.

(Extrait du supplément de la *Gazette de St-Pétersbourg*, des 10-22 octobre 1841).

voici comment il procède : « Cela pro-
» vient de ce que le peuple est ignorant,
» sans caractère déterminé ; de ce qu'é-
» tant disséminés sur de vastes territoi-
» res, les habitans ne peuvent s'éclairer
» mutuellement en se rapprochant les
» uns des autres; c'est ce qui les rend
» passifs et incapables d'un sentiment
» unanime. »

Nous répondrons à cela que le peuple est partout peuple, et je ne pense pas que les hurleurs des *hustings*, les paysans de l'Irlande et même la lie de la population de Londres soient plus éclairés que les paysans de Moscou et des provinces qui avoisinent les deux capitales de la Russie. Quant au dernier membre de la phrase précitée, comme c'est une théorie purement révolutionnaire, que met en avant l'auteur des Mémoires, je ne la crois pas sincère de sa part, et je laisse au lecteur le soin de juger ce que deviendrait un empire, si une pareille centralisation pouvait être mise en pratique ; ce serait le renversement de tout ordre, ce serait la guerre des masses ; en un mot, ce serait l'anarchie sous la forme la plus effrayante.

Après avoir fait l'éloge de l'impératrice Catherine, éloge auquel nous adhérons avec plaisir, sans toutefois le tourner au préjudice de ses prédécesseurs, l'amiral termine ainsi : « A la » mort de Catherine, on ne trouva pas » un seul oukase qui n'eût point reçu » son exécution; lors du décès d'Alexan- » dre, il restait 24,000 oukases non exé- » cutés. » Il est impossible qu'il en ait été ainsi après la mort de Catherine, car cette princesse est morte presque subitement. Or, à en croire l'amiral, on dirait qu'ayant prévu l'époque de son décès, elle aurait procédé de longue main à l'arrangement des affaires de l'État, de sorte qu'aucun service, aucune branche d'une administration si étendue, n'eût un seul intérêt en souffrance.

Il est plus naturel d'attribuer cette circonstance au nouveau système de gouvernement adopté par l'empereur Paul Ier, qui était diamétralement opposé à celui de son illustre mère ; ce qui explique qu'il n'y a eu rien à exécuter, et que toutes les dispositions encore pendantes auront été mises au néant.

Pour ce qui regarde les 24,000 oukases non exécutés lors de la mort de l'empereur Alexandre, j'en demande pardon à l'amiral; mais je pense qu'il n'a eu guère la possibilité de contrôler une pareille négligence, attendu qu'à cette époque il résidait en France, et n'était pas rentré en Russie depuis l'année 1815, et bien qu'il siégeât nominativement au conseil de l'empire, il s'occupait de bien autre chose que de supputer les oukases qui chômaient. Ce n'est donc que d'après des *on dit* qui ne peuvent inspirer aucune confiance qu'il a assis ses calculs, lesquels, étant faits sous l'empire d'un mécontentement et vus à travers le prisme du dépit, peuvent, sans injustice, être taxés d'exagérés; d'ailleurs, qu'est-ce que cela prouve? sinon que des oukases nombreux seront trouvés en voie d'exécution lors de la mort de l'empereur Alexandre, et que cet évènement en avait retardé l'accomplissement; du reste, M. Tchitchagoff, en sa qualité de membre du conseil, doit savoir que, sous le nom d'oukases, sont comprises une foule de mesures administratives de nulle importance, qui, pour la plupart, sont promulguées par le sénat au nom de l'empereur, sans que le souverain en ait la moindre connaissance.

L'amiral paraît avoir oublié entièrement la langue de sa mère-patrie, puisqu'il prétend que les expressions suivantes n'existent pas dans la langue russe : *sentiment, admiration, genius, man of honour, virtue, capacity*, ainsi que les nuances délicates entre les termes suivans : *bravery, courage, valour*, et l'expression anglaise dont la double acception est si délicate qu'on ne saurait la rendre en français ; c'est le mot *gallantry*, bien qu'il soit d'origine française, mais que les Anglais appliquent indifféremment à la galanterie et à la bravoure.

Nous rappellerons à M. Tchitchagoff que les Russes possèdent dans leur langue la plupart de ces termes; ainsi, *sentiment* pris dans les deux acceptions, sentiment et opinion qu'il a en anglais, se traduit en russe par *tchouvstvo* et *mnénié;* *admiration,* ou *admirer* peut se rendre par les verbes *divitsia, woskhistchatsia; genius* pourrait s'exprimer par *iziastchnydar*. Du reste, ce mot n'appartient à aucune langue moderne, et peut s'approprier également aux langues russe et anglaise; voilà pourquoi on dit en russe *ghény*. On disait anciennement *esprit,* au lieu de génie; mais cette première expression avait beaucoup perdu de sa force dans son application à l'intelligence humaine; les fréquentes superpositions qu'on en faisait, en les adaptant à toutes les nuances de l'esprit humain, avaient tellement vulgarisé ce terme, que l'on se servit du mot latin *genius* pour exprimer l'idée d'un esprit transcendant. *Man of honour*, composé de trois mots en anglais, en russe pourrait se dire en deux : *tchesny tchelovek*. M. Tchitchagoff doit aussi savoir que les deux substantifs *tchest* et *tchestnost* forment le même adjectif, *tchesny*. *Virtue* se rend par *doblest, dobrodétel; capacity* par *spossobnost;* pour désigner courage dans ses différentes nuances, la langue russe possède les expressions qui suivent : *khrabrost, néoustrachimost, moujestvo* et *otvajnost*. Au reste, il est assez plaisant de voir M. Tchitchagoff qui est Anglais, reprocher aux Russes les différentes expressions qu'il signale, et qui toutes, sans exception, sont étrangères à la langue anglaise, étant empruntées à d'autres langues qui ne sont ni le dialecte germanique, ni le celtique dont la langue anglaise tire son origine, mais du latin et du français.

Les projets de conquête conçus par Catherine sont de notoriété publique; ils lui ont valu dans les temps les applaudissemens de l'Europe civilisée et l'admiration de la postérité.

L'idée du partage de la Pologne a été suggérée par le prince Henri de Prusse, frère du grand Frédéric, et il s'en vantait comme auteur d'un grand acte de justice politique. Voici ce qu'il disait à ce sujet à M. de Ségur (Mémoires de M. de Ségur, tom. 2, page 143) (1)

---

(1) « Ah! pour le partage de la Pologne, l'impé-
» ratrice n'en a pas l'honneur, car je puis dire qu'il
» est mon ouvrage; j'avais été faire un voyage à
» Pétersbourg ; à mon retour je dis au roi mon frère :
» Ne seriez-vous pas bien étonné, et bien content,
» si je vous faisais tout-à-coup possesseur d'une
» grande partie de la Pologne?
» Surpris, — oui, — répondit mon frère, mais
» content point du tout ; car il me faudrait, pour faire
» cette conquête et pour la garder, soutenir une

Les éloges pompeux que prodigue l'amiral Tchitchagoff au mérite des Polonais ne nous étonnent nullement, car ils partent d'un homme dont l'ambition froissée lui ferait faire l'apologie de tous ceux qui se disent ennemis de sa patrie; aussi quand il parle d'horribles cruautés et de persécutions exercées contre cette nation, il feint d'ajouter foi à des bruits répandus par la malveillance, et victorieusement réfutés par des faits irrécusables; car il n'est pas naturel qu'un ex-homme d'état de sa force ne sache pas que toutes ces cruautés ne peuvent être que de la calomnie; il est convaincu que jamais il n'a pu y avoir de persécutions odieuses; il connaît le terrain, et il sait que le

» guerre terrible contre la Russie et l'Autriche, et
» peut-être contre la France. J'ai risqué une fois
» cette grande lutte qui a failli me perdre ; tenons-
» nous en là; nous sommes vieux et il nous faut du
» repos. »

monarque russe n'en est pas capable, car il est juste et modéré, et il l'a été envers l'amiral en supprimant la pension que le gouvernement russe lui faisait, alors même qu'il exhalait sa colère et dénigrait la Russie et le souverain dont il acceptait les dons. C'était justice que de le priver d'une pension qu'il ne savait pas mériter; c'était modération que de l'avoir souffert pendant plusieurs années, car cette pension n'a été supprimée qu'en 1833 ou 1834, grâce à la longanimité de l'empereur. M. Tchitchagoff n'aime pas l'empereur de Russie, et c'est fort naturel, car il lui a ôté sa pension ; voilà pourquoi ce monarque n'a fait aucun bien selon l'opinion de l'amiral.

Ce n'est pas ici le lieu d'énumérer les travaux immenses entrepris et accomplis par l'empereur Nicolas pour le bien de ses peuples; nous nous bornerons seulement à rappeler un seul oukase de ce prince, c'est celui qui défend aux parens d'élever leurs enfans dans les pays étrangers, et prescrit une éducation solide, religieuse et nationale. Si cette loi avait subsisté avant, nous n'aurions pas à déplorer la publication haineuse et anti-patriotique de M Tchitchagoff, fruit d'une éducation inter-nationale.

Après avoir donné de justes éloges à la magnificence de la cour du temps de l'impératrice Catherine, il blâme une mesure fort sage de l'empereur Alexandre, et que nous allons expliquer.

Les charges de chambellan et gentilhomme de la chambre, équivalaient, la première au rang de général-major et de conseiller d'état actuel, et la seconde à ceux de brigadier et de conseiller d'état; les individus qui étaient investis de ces charges jouissaient de toutes les prérogatives que donne ce grade, de façon qu'un chambellan pouvait devenir gouverneur de province ou chef de brigade, et comme ces charges de cour se donnaient par faveur aux enfans des grands seigneurs, on voyait souvent des jeunes gens sans expérience et sans capacité placés à la tête des administrations et des troupes; l'empereur Alexandre par un oukase abolit cet abus, et les chambellans et les gentilshommes de la chambre ne conservèrent désormais les prérogatives attachées à leur charge qu'à la cour. Cet oukase déplaît à l'amiral Tchitchagoff, il cite le considérant qui lui paraît singulier, en voici la teneur:

« Considérant que la prospérité de
» l'empire exige que tous les emplois
» soient donnés au véritable mérite,
» nous ordonnons, après avoir consulté

» notre conseil d'état, que les grades mi-
» litaires des chambellans et des gentils-
» hommes de la chambre, demeurent
» supprimés; ces fonctionnaires conser-
» veront seulement le rang qui est inhé-
» rent à leur charge ; nous sommes con-
» vaincus que désormais toutes les char-
» ges de l'état seront exercées par des per-
» sonnes de mérite. » L'amiral trouve
qu'il n'y a aucune connexion ni sens
commun entre l'objet de l'oukase et la
conclusion.

Ce que dit M. Tchitchagoff sur l'armée
russe est d'une inconvenance qu'il serait
difficile de qualifier ; il prétend que l'armée actuelle est inférieure en discipline
aux anciennes troupes sous l'impératrice
Catherine.

Cette assertion est tellement erronée
qu'elle ne mériterait pas d'être réfutée ;
en effet, tout le monde comprendra que

non-seulement de grands perfectionnemens ont dû s'introduire dans l'armée depuis un demi-siècle; mais encore qu'une impératrice, quel que fût son vaste génie, ne pouvait surveiller elle-même son armée, tandis qu'aujourd'hui l'immixtion personnelle d'un jeune souverain dans tous les détails qui embrassent la partie militaire, ne peut que perfectionner la discipline. Au reste, quiconque est venu en Russie, dans l'intervalle des 26 années que l'amiral a passées loin de son pays, a pu se convaincre du contraire de ce qu'il avance.

Le passage qui se rapporte à la discipline de l'armée est fort curieux : pour appuyer ses argumens, l'auteur soutient que le gouvernement des femmes est préférable, parce qu'une femme n'étant pas apte à commander les troupes, ses loisirs ne sont pas absorbés par des détails militaires, et que par cela même les princesses qui ont régné se sont distinguées par leur impartialité.

Ce paradoxe est escorté d'un éloge des gouvernemens représentatifs ; il établit en principe que le chef d'un gouvernement représentatif ne doit pas commander en même temps les armées ; ce principe, s'il ne reposait pas sur une idée éminemment révolutionnaire, ne pourrait que s'appliquer au gouvernement du Japon (1).

(1) Il existe au Japon deux empereurs, l'un, le véritable, qui descend d'une dynastie établie depuis 2443 ans, et que l'on nomme Kin-Reï, mais qui n'exerce presque aucune autorité ; l'autre que l'on appelle Kumbo-Sama, est le descendant d'un chef militaire qui, il y a 260 ans, usurpa le pouvoir, sans toutefois depouiller le légitime souverain des prérogatives attachées à son rang. Il est obligé de le consulter dans les occasions les plus importantes, telles que la promulgation d'une nouvelle loi ; l'établisse-

Plus loin il prétend qu'anciennement 20,000 russes battaient des armées tur-

ment de relations avec les puissances étrangères, et en cas de guerre ; mais, dans des circonstances semblables, le souverain militaire ne demande le conseil de Kin-Reï qu'après s'être préalablement assuré de sa sanction.

Quant à l'administration en général, le légitime souverain n'y prend aucune part; relégué dans un palais somptueux, objet de la vénération du peuple, il ignore ce qui se passe dans son empire, ou bien ne l'apprend que par hasard.

Parmi les priviléges attachés à la dignité de Kin-Reï, il en existe un qui est scrupuleusement observé par Kumbo-Sama : ce dernier est obligé d'envoyer le jour de l'an une ambassade à Kin-Reï, chargée de présenter à ce dernier des félicitations et des présens, au nombre desquels doit absolument se trouver une grue blanche à la tête noire, prise à la chasse au faucon, par le souverain militaire lui-même. « Voyez les Mémoires du capitaine Golovnine sur le Japon. C'est sans doute d'un gouvernement japonais que M. Tchitchagoff aurait voulu nous gratifier.

C'est ici le cas de dire que le roi règne et ne gouverne pas.

ques très-supérieures en nombre, que dans la dernière guerre contre les Turcs (1828-1829), 400,000 Russes furent employés. Il oublie d'abord que le maréchal Paskévitch à la tête de 18,000 hommes, n'a pas seulement battu des armées très-supérieures en nombre, mais qu'il a détruit trois armées turques par des victoires consécutives, où les soldats étaient toujours un contre dix. Ce ne sont plus des victoires fortuites, c'est une campagne entière, combinée avec science et énergie, et signalée par des victoires éclatantes et qui n'ont pas été obscurcies par le moindre revers.

L'amiral n'est pas apte à juger comparativement le mérite des troupes russes et turques, car, lorsqu'après avoir anéanti la marine russe, il voulut essayer de sa capacité sur terre et qu'il eût obtenu le commandement de l'armée de

Moldavie, il n'y arriva que lorsque le général Koutousoff, après avoir cerné l'armée du vizir l'eût forcé de capituler, et qu'il eût amené le divan à signer la paix de Boukharest. C'est bien dommage, car il aurait rétabli la discipline des anciens temps, et aurait fait sans doute des prodiges de valeur, à l'instar de Souvoroff et de Roumiantzoff, ou plutôt à sa manière, comme il en a donné un spécimen à la Bérésina. Nous n'avons pas besoin de rappeler à M. Tchitchagoff que l'armée d'opération contre les Turcs, en 1823, était composée, d'après les relevés les plus exacts, de 105,100 hommes, y compris le détachement qui avait été en Asie au siége d'Anapa. L'armée du maréchal Paskévitch ne comptait que 18,000 combattans, et c'est avec des forces aussi exiguës qu'il a conquis dans la première campagne (1828) trois pachaliks, ceux de Kars, d'Akhaltzik et de Baïazeth, pris trois forteresses et trois châteaux-forts avec 313 canons, 195 étendards, 11 bountchouks et 8000 prisonniers ; dans la seconde campagne, 1829, avec le même nombre de troupes, il a conquis les pachaliks d'Azzerum, de Mousch, et une partie de celui de Trébizonde ; il a pris 4 forteresses, enlevé d'assaut plusieurs camps retranchés, dispersé les armées turques, conquis la capitale de l'Arménie, fait prisonnier le général en chef turc, enlevé à l'ennemi 262 bouches à feu, 65 drapeaux, 10 bountchouks, le bâton de commandant du séraskir et 3000 prisonniers, ayant eu à lutter contre la peste, les populations armées, les accidens de terrain et la pénurie des moyens d'approvisionnement. Tandis que le comte Paskévitch poursuivait dans l'Asie-Mineure le cours de ses héroïques exploits, la grande armée franchissait les Balkans, s'emparait d'Andrinople, et ce n'est certes pas l'armée turque qui empêcha les troupes victorieuses de la Russie de venir à Constantinople même dicter des lois au sultan.

Que M. l'amiral veuille bien nous dire si jamais de pareils succès ont illustré les armes russes pendant les guerres qui ont précédé celle-ci?

Quant à l'opinion de l'auteur des Mémoires, sur la campagne de Pologne, où il prétend que 400,000 Russes furent opposés à 30,000 hommes de troupes régulières polonaises, elle est encore inexacte, et est appuyée sur les données des ennemis les plus acharnés de la Russie, dont M. Tchitchagoff s'est fait si gratuitement l'auxiliaire; il demeure prouvé de la manière la plus irréfragable (et les Polonais qui ont mis quelque impartialité dans les écrits qu'ils ont publiés sur cette catastrophe l'avouent eux-mêmes), que l'armée russe, lors de la dernière guerre contre les Polonais, n'était composée que de 70,000 hommes, tandis que les insurgés étaient parvenus à organiser une force imposante et pour le moins double, outre l'armée polonaise formée par le grand duc Constantin et qui se montait à plus de 40,000 hommes; un matériel immense réuni dans les arsenaux leur permit d'équiper près de 60,000 hommes; 200 pièces de canon et 66,000 fusils étaient entre leurs mains; d'ailleurs toute la Pologne et les provinces précédemment conquises étaient en pleine insurrection, et l'on sait aujourd'hui combien il est difficile de soumettre un pays dont tous les habitans se lèvent en masse. Napoléon a perdu en Espagne ses meilleures troupes. Les Anglais ont perdu les États-Unis par cette même raison.

L'amiral Tchitchagoff joint le poids de son autorité passionnée aux mille calomnies qui ont été répandues par les ennemis de la Russie sur les cruautés imaginaires que l'on impute à l'empereur Nicolas envers les Polonais; nous engageons les lecteurs des Mémoires à se méfier de cette indignation simulée qui n'est que la conséquence d'une ambition rentrée, et, ce qui est pis, d'un homme lésé dans ses intérêts pécuniaires par la suppression de l'énorme pension qu'il touchait sans rien faire, sinon de médire de la Russie et de son souverain, tout en acceptant les dons de sa munificence; c'est le dépit d'un homme mis à la réforme et cassé aux gages. Mais si les écrits de ce genre sont blâmés par les honnêtes gens de tous les pays, lorsqu'ils découlent de la plume d'un étranger, pour avoir sciemment menti à l'histoire, ils doivent à plus forte raison être livrés à la vindicte universelle, lorsque la main qui les trace est coupable de lèse-patrie.

Anathème donc au ministre félon qui courtise, au mépris des devoirs les plus saints, la haine étrangère, et qui ne craint pas qu'en écrivant ces impures calomnies, la vengeance divine fasse sécher la main qui les trace! Et qu'a donc fait l'amiral Tchitchagoff pour le bien de la Russie, pour oser se poser en victime dont les services auraient été méconnus? Examinons sa carrière, et voyons si, au lieu d'avoir joui durant sa retraite de tous les honneurs attachés à son rang, il n'aurait pas mérité un châtiment sévère.

Ministre de la marine, au lieu de la faire prospérer, il l'a annihilée; il a détruit les travaux d'un siècle, si glorieusement commencés par le régénérateur de la Russie. Il serait difficile de déterminer le motif qui l'a porté à cet acte de vandalisme, et quel mauvais génie lui a soufflé le système qu'il a adopté pour l'anéantissement des flottes russes. En lisant aujourd'hui ses mémoires, et en réfléchissant sur l'esprit de haine contre la Russie dont ils sont empreints, on serait tenté de croire que c'est dans l'intérêt de l'Angleterre qu'il a consommé cette œuvre de destruction.

A toutes les objections qu'on lui faisait lors de son ministère sur cet étrange système, il répondait que les dépenses étaient énormes, et qu'on n'atteindrait jamais le but qu'on se proposait, d'avoir une flotte formidable; que l'Angleterre se trouverait toujours en mesure de l'anéantir avant qu'elle pût lui porter ombrage. Digne langage d'un ministre de la marine, et qui ne peut s'expliquer que par cette haine contre la gloire de son pays, dont nous voyons un échantillon dans les mémoires qui font le sujet de cet écrit.

Heureusement pour la Russie que l'empereur Nicolas, à peine monté sur le trône, s'aperçut avec effroi de la lacune qui existait dans les forces maritimes de l'empire ; son coup d'œil, aussi juste que celui de son illustre aïeul, avec lequel il offre des points de ressemblance sous plusieurs rapports, entrevit les moyens de reconstituer ce que le génie de Pierre-le-Grand avait fondé et que l'ineptie ou la trahison avait détruit. Trois ans après son avènement, nos vaisseaux rivalisaient avec ceux de la Grande-

Bretagne et de la France dans les eaux de Navarin.

Le choix que fit l'empereur d'un homme supérieur pour l'aider à continuer cette tâche, dénote en lui cette perspicacité si rare chez les souverains. Le prince Menchikoff fut placé à la tête de la marine, et cet homme d'état si distingué prouva que l'empereur ne s'était pas mépris en le désignant comme seul capable de le seconder pour relever la marine russe. Si M. Tchitchagoff pouvait voir l'état dans lequel se trouvent aujourd'hui les forces navales de la Russie, tant sous le rapport du nombre des vaisseaux que de la qualité de leur construction et de leur armement; s'il pouvait voir nos ports, surtout celui de Cronstadt qui est devenu un autre Gibraltar, et celui de Sévastopol qui peut aussi lui être comparé ; à coup sûr il en tressaillerait de colère !

Toutefois il est juste de dire que déjà, dès l'année 1815, l'empereur Alexandre avait fait de grands efforts pour reconstituer la marine russe sur un pied plus formidable ; mais sa prospérité réelle ne date que de l'année 1826.

Maintenant voyons les hauts faits de l'amiral Tchitchagoff à la tête des armées de terre.

Nous ne saurions dire quelle fut la cause qui détermina l'empereur Alexandre à lui confier le commandement de l'armée dite du Danube, à une époque où Napoléon, après avoir réuni toutes les forces de l'Europe, menaçait d'en inonder la Russie.

Des personnes qui alors approchaient l'empereur Alexandre nous ont assuré que la religion de ce prince fut surprise par la faconde et les raisonnemens spécieux de l'amiral, qui frondait tout, critiquait les mesures que l'on prenait, avec une jactance extraordinaire, tournait en ridicule les hommes que l'on désignait pour commander, et qui s'offrit lui-même, avec cette présomption que tout le monde lui connaît, pour aller anéantir les Turcs, les forcer à conclure une paix honorable et conduire ensuite l'armée employée en Turquie contre Napoléon, s'engageant à le culbuter et à le pulvériser. Le maréchal Koutousoff ne lui paraissait pas à la hauteur de sa mission, et l'on a vu s'il disait vrai. C'est cette forfanterie qui lui valut le commandement d'une armée aguerrie, bien disciplinée et accoutumée aux victoires, et qui, si elle avait été dirigée par des mains plus habiles, aurait peut-être porté un coup décisif à la puissance de Napoléon, déjà ébranlée par les batailles qui lui avaient été livrées par Koutousoff. Mais, au lieu de cela, confiée aux ordres d'un chef bizarre, présomptueux et incapable, elle a ouvert passage aux débris de l'armée française, et cette funeste inadvertance valut encore une continuation de guerre, et des flots de sang furent encore répandus, grâce à l'incapacité de M. Tchitchagoff (1).

Pour donner une plus juste idée de l'inaptitude de l'amiral Tchitchagoff à commander les armées, nous allons ren-

(1) Un brave général français qui avait assisté à la bataille de Borissoff (Bérésina) et qui ne connaissait pas personnellement l'amiral Tchitchagoff, lorsque nous le lui eûmes désigné, le salua profondément, et, depuis lors, il ne peut s'empêcher de lui ôter son chapeau, saluant en lui le sauveur de l'armée française.

dre compte de ses opérations de l'année 1812, d'après des documens officiels recueillis et publiés par le lieutenant-général Danilevsky: l'auteur de cette réplique pourra, en outre, ajouter quelques détails qu'il a personnellement observés, car c'est sous les ordres de l'amiral Tchitchagoff qu'il a eu l'honneur de faire ses premières armes; et que l'on ne s'imagine pas qu'il ait eu à s'en plaindre personnellement, pas le moins du monde; il n'avait alors que dix-sept ans, et il était placé presque aux derniers échelons de la hiérarchie militaire; il ne pouvait, par conséquent, avoir aucune relation directe avec son commandant en chef; mais il observait et profitait des observations que des officiers expérimentés faisaient sur les dispoitions de l'amiral.

Parmi les actes les plus insolite

de M. Tchitchagoff qui l'exposèrent à la risée des soldats, notre mémoire nous en rappelle quelques-uns, et nous allons les citer. Lorsqu'il alla rejoindre le corps du général Sacken, il conduisait son armée à marches forcées; il ordonna de laisser tous les objets inutiles dans les bagages de l'armée; ceci était fort naturel; mais, plus tard, il dépouilla le soldat de tout son attirail, au point qu'il ordonna d'abord de ne marcher qu'avec ce qu'on avait sur les épaules; plus tard, il publia un ordre par lequel il enjoignait de laisser les schakos des soldats et de ne garder que les bonnets de police, et finalement les sabres même des soldats furent laissés en route comme objets inutiles et qui gênent la marche, était-il dit dans l'ordre du jour. Il est difficile de se faire une idée de l'effet.

désagréable que produisit cet ordre. Le corps d'armée était composé de vieux soldats, et ils avaient l'air d'un assemblage de conscrits; d'ailleurs, le militaire tient beaucoup à son sabre, et cette mesure fit éclater des murmures sérieux; les soldats disaient : « Si on laisse faire » ce matelot, il va nous dépouiller de » nos fusils. »

Une autre preuve de sa bizarrerie, c'est l'ordre du jour qu'il publia lorsqu'il arriva à Borissoff ; il était tellement certain de la déroute de l'armée française, avant qu'elle ne passât la Bérésina, qu'il croyait que l'empereur Napoléon marchait en fugitif, sans escorte; il y était dit : « Pour faciliter la prise » de Napoléon, voici son signalement : » Il est de petite taille, gros, pâle, son » cou est court et épais, sa tête grande, » ses cheveux noirs; pour plus de sûreté,

» je recommande de saisir tous les Fran-
» çais de petite taille et de les amener
» prisonniers. »

Le rédacteur du *Foreign Quarter-ly-Review*, en abordant la question du commandement de l'armée par Tchitchagoff, en 1812, s'exprime de la manière suivante :

« Nous allons mentionner encore un
» incident de la vie de l'auteur; son nom
» appartient à l'histoire, parce qu'il a
» défendu, en 1812, le passage de la Bé-
» résina contre Napoléon, quoiqu'il
» n'ait pu réussir à empêcher ce der-
» nier d'effectuer le passage de cette ri-
» vière; mais à qui la faute? Bien qu'on
» ait beaucoup écrit sur cette question,
» rien de satisfaisant n'a encore été ré-
» pondu jusqu'à présent. Les Russes,
» dans leur impatience, eurent recours
» à la plaisanterie; ils prétendaient que

» l'amiral n'avait pas obtenu de succès,
» parce que le vent était contraire. Il
» vaudrait mieux demander pourquoi
» les Russes, quoique égaux en nombre,
» ont été défaits à toutes les batailles
» pendant cette campagne sinistre (*that*
» *portentous campaign*). Si l'on pou-
» vait répondre à cette question, il se-
» rait facile de résoudre cette autre,
» notamment pourquoi l'amiral, avec
» 12,000 hommes, n'a pas battu Napo-
» léon ? Cependant il est juste de dire
» qu'il a seul rempli ses devoirs dans
» cette occasion, et si les autres géné-
» raux eussent fait le leur, Napoléon au-
» rait été capturé avec toute son armée. »

Nous répondrons à cela qu'un évènement sur lequel les yeux de toute l'Europe étaient fixés avec anxiété ne peut plus être l'objet d'une controverse ; il est clair, évident et incontestable que la

responsabilité de cette faute doit retomber de tout son poids sur l'amiral Tch...
Il est vrai que les Russes avaient tourné en ridicule ses tergiversations lorsqu'il s'amusait à attendre à Brzest que l'ennemi le devançât; mais ces plaisanteries ne les empêchaient pas d'exhaler contre lui les récriminations les plus dures, car le bon sens national avait compris l'énormité de la faute commise par ce général inexpérimenté (1).

(1) Nous citerons ici une fable du célèbre et populaire fabuliste russe Kriloff, qui avait en vue l'amiral Tchitchagoff.

LE BROCHET ET LE CHAT,

FABLE.

Un brochet, d'un étang le Nestor et le roi,
Exerçait dans ses flots un souverain empire :
Carpes, tanches, goujons, tout tremblait sous sa loi,
    Tout servait l'appétit du sire.
Il eût en paix laissé vieillir ses jours,
Si de ses vœux il eût borné le cours;
    Mais plus on a plus on désire.

Maintenant nous allons répondre à la question que pose le rédacteur, et qui

    Un jour que Rominagrobis
Au bord de l'eau croquait une souris,
Sire Brochet le voit; aussitôt : « Quelle chère !
    » Ce mets nouveau me semble bon.
» Aussi bien suis-je las de ce maigre ordinaire ;
» Du goujon ! fi ! c'est toujours du goujon ! »
Puis au chat qui l'écoute : « Attends, mon camarade,
» Avec toi sur ce bord je veux en embuscade
    » Goûter aussi du peuple souriquois. »
— Prends garde, la souris a ses tours de finesse;
A ce métier, dit l'autre, il faut beaucoup d'adresse.
— « Qui, moi, la redouter ! Tu te moques, je crois ;
    » Ne fais-je pas ici la guerre
    » A gens plus adroits et plus forts ? »
Il dit, s'élance, saute, et le voilà sur terre
Qui se traîne, s'agite et qui fait maints efforts,
Et, blotti dans un coin, guette de l'œil sa proie.
Le chat de son côté s'en donnait à cœur joie :
    Chaque souris hors de son trou
D'un coup de griffe allait, *crac*, on sait où.
    Quand il eut mangé son saoul,
Il revint au brochet ; hélas ! le pauvre diable,
    Gisait étendu sur le sable,
    Soufflant à peine et moribond ;
La souris sur son flanc, jusque sur son menton,
Trottait sans peur et faisait victuaille

est ainsi conçue : « Pourquoi les Russes, » quoique égaux en nombre, etc. »

D'abord, les Russes n'ont pas été complètement battus à forces égales; les batailles de Kobrin, de Polotzk, de Krasnoë, de Maloyaroslavetz prouvent le contraire; le système de retraite adopté par le général Barclay de Tolly explique les mouvemens rétrogrades de l'armée russe pendant la première période de cette campagne; tout le monde

> On ne donnait de coups de dents
> Qu'aux endroits les plus succulens,
> Et déjà de sa queue on avait fait ripaille.
> Le chat vient, — tout a fui : « O Dieux ! C'est *toi, brochet*,
> » Des sombres bords tu faisais le trajet
> » Si j'étais arrivé plus tard d'une seconde.
> » Je t'aiderai, viens, rentre sous ton onde
> » Fais-toi, panser bien vite, et si tu peux guéris ;
> » Mais désormais plus de chasse aux souris. »
> Le chat riait sous cape ; oh ! la race cruelle !
> Or, ici-bas chacun a son instinct ;
> A tel ou tel état la nature l'appelle :
> Malheur à qui tente un autre chemin.

sait que l'armée française était plus nombreuse, car l'Europe entière marchait contre nous; d'ailleurs, la ligne d'opération de Napoléon était infiniment plus concentrée que celle de l'armée russe, qui était obligée de défendre toute l'étendue de la frontière. A la bataille de Smolensk, il n'y avait que le corps d'armée du général Bagration qui soutînt le choc de l'armée ennemie; le général Barclay se trouvait à peu de distance du champ de bataille; il n'y envoya que la division du général Dokhtouroff pour soutenir Bagration, et ne bougea pas avec le reste de ses forces; car tel était le plan que l'on s'était tracé.

Mais tout cela ne saurait excuser l'amiral Tchitchagoff, qui avait 23,000 hom. sous ses ordres (1), et non 12,000, comme

(1) Sans compter le corps de Sacken, qui se composait de 27,000; ceux des généraux Lieders, de

il le dit, et il avait affaire à une armée à la débandade et décimée par le froid, la faim et les maladies ; et, malgré cela, il fut battu par les maréchaux Victor et Oudinot. Si le rédacteur de la *Revue* avait été militaire, il saurait que, lorsque des combinaisons mal conçues font manquer une campagne, la responsabilité en appartient au général en chef ;

3,500 et Ertel de 15,000. Il est vrai que ce dernier envoya seulement 6 bataillons d'infanterie, 4 escadrons de cavalerie et un régiment de cosaques ; mais il contint l'ennemi et se battit même à Mozyr. Cette évaluation est faite d'après la version du général Danilevsky ; mais voici ce qu'en dit le marquis de Chambray dans son ouvrage sur l'expédition de Russie :

« Le corps d'armée avec lequel marchait Tchit-
» chagoff était de 38,000 hommes, en y comprenant
» les cosaques qui étaient au nombre de 5,000 hom-
» mes. *L'amiral Tchitchagoff reconnaissant l'exacti-*
» *tude* de l'évaluation des forces de son corps d'ar-
» mée, dans l'ouvrage du général Guillaume de
» Vaudancourt, j'ai adopté la version de cet auteur. »

or, dans le cas dont il s'agit, le chef suprême n'était autre que l'amiral Tchitchagoff. A l'exception du général Ertel, tous les autres généraux ont fait leur devoir avec la plus grande exactitude; d'ailleurs, la relation que nous donnons de ces opérations pourra résoudre la question qui nous occupe.

LE PASSAGE

DE LA BÉRÉSINA.

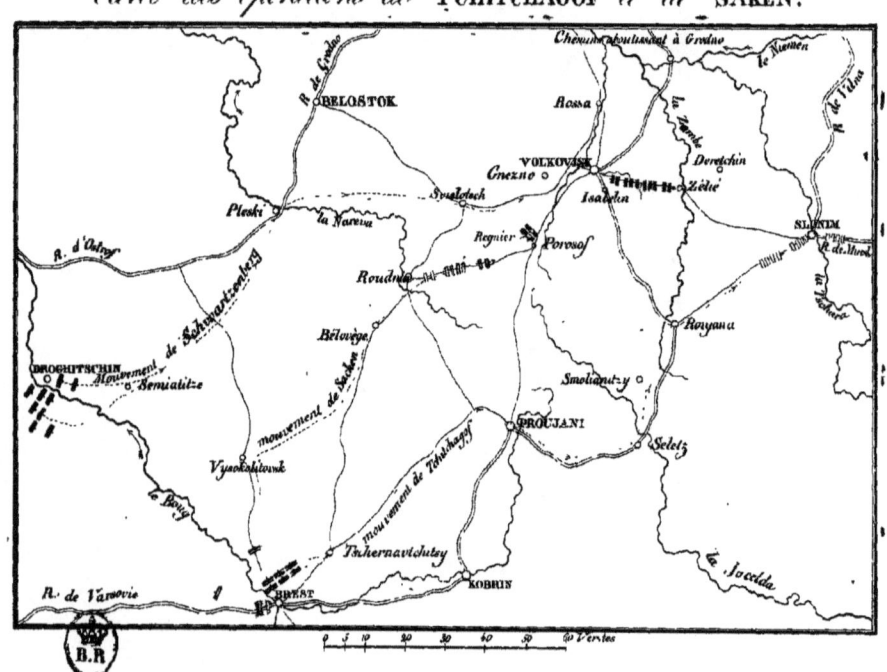

CHAPITRE I.

OPÉRATIONS DE TCHITCHAGOFF ET DE SACKEN.

Cause de la longue inaction de l'armée du Danube, aux environs de Brzest. — Préparatifs pour marcher sur la Bérésina. — Sacken reste à Brzest. — L'armée du Danube marche sur Slonime. — Les Autrichiens débouchent sur ses derrières, près de Volkovisk. — Dispositions de Sacken. — Czernicheff détruit les matériaux réunis pour la construction des ponts. — Motifs de l'apparition de Schwartzenberg à Volkovisk. — Dispositions de Sacken. — Czernicheff ouvre des communications avec le comte de Wittgenstein. — Mouvement de l'armée du Danube, de Slonime à la Bérésina. — Le général Kossecki battu par le comte de Lambert. — Occupation de Minsk. — Causes qui empêchent l'arrivée d'Ertel. — Prise de Borissoff. — L'armée du Danube arrive sur la Bérésina.

Moscou était évacuée. Après la bataille de Maloyaroslavetz, Napoléon se dirigeait sur Mojaïsk; le comte de Wittgenstein avait repris Polotzk. On était déjà au mois d'octobre, et l'armée du Danube ne bougeait pas encore et n'avait pas quitté les rivages du Boug pour se porter vers la Bérésina. Le 8 octobre (1), elle se trouvait encore sous les murs de Brzest; le prince Schwartzenberg et le général Régnier campaient en vue de Droghitchine, où, pour éviter un combat, ils faisaient manœuvrer leurs troupes légères, en les portant tantôt sur un point, tantôt sur un autre. L'amiral Tchitchagoff, depuis neuf jours se tenait immobile à Brzest (2), parce

(1) Nous avons conservé dans le cours de cette relation le vieux style, d'après le texte de l'ouvrage original. On sait que, selon le calendrier grégorien, les dates doivent être retardées de douze jours.

(2) « On voit que Tchitchagoff avait accordé à son armée quatorze jours de repos, pendant lesquels il aurait pu faire un mal incalculable aux armées fran-

qu'on manquait d'approvisionnemens et qu'il craignait que le prince de Schwartzenberg n'inquiétât ses mouvemens; il eut même l'intention de faire reculer Schwartzenberg jusqu'à Varsovie pour agir ensuite avec plus de liberté. Cependant il finit par abandonner ce projet, qui l'aurait éloigné pour un temps indéfini du but qui lui était désigné dans le plan des opérations. Enfin, voyant l'inutilité de son inaction à Brzest, tandis que, selon ses calculs, il devait se faire des opérations importantes dans les principaux corps de l'armée, il prit le parti de se conformer à l'ordre qui lui avait été donné de se porter sur la Bérésina. Il partagea son armée en deux détachemens inégaux ; il devait se porter en avant à la tête de l'un, et lais-

çaises. » Histoire de l'expédition de Russie par le marquis de Chambray, tome II, livre III, page 400.

ser l'autre pour tenir les Autrichiens et les Saxons en échec. Le corps qui devait prendre la direction de la Bérésina était composé de deux avant-gardes commandées par le comte de Lambert et Tchaplitz; ils étaient suivis de trois corps sous les ordres des généraux Essen, Voïnoff et Sabanéef; les deux derniers étaient commandés par le comte de Langeron. Les divisions des généraux Boulatoff et comte de Lieven étaient opposées au prince Schwartzenberg et au général Régnier; le général Sacken commandait ces deux divisions; le général Ertel, qui se trouvait à Mozyr, reçut l'ordre de marcher sur Igoumen et de joindre le gros de l'armée; le général Lieders, qui était encore en Volhynie, devait marcher sur Pinsk et Nesvige. Les marches étaient tellement combinées que ces deux deniers corps,

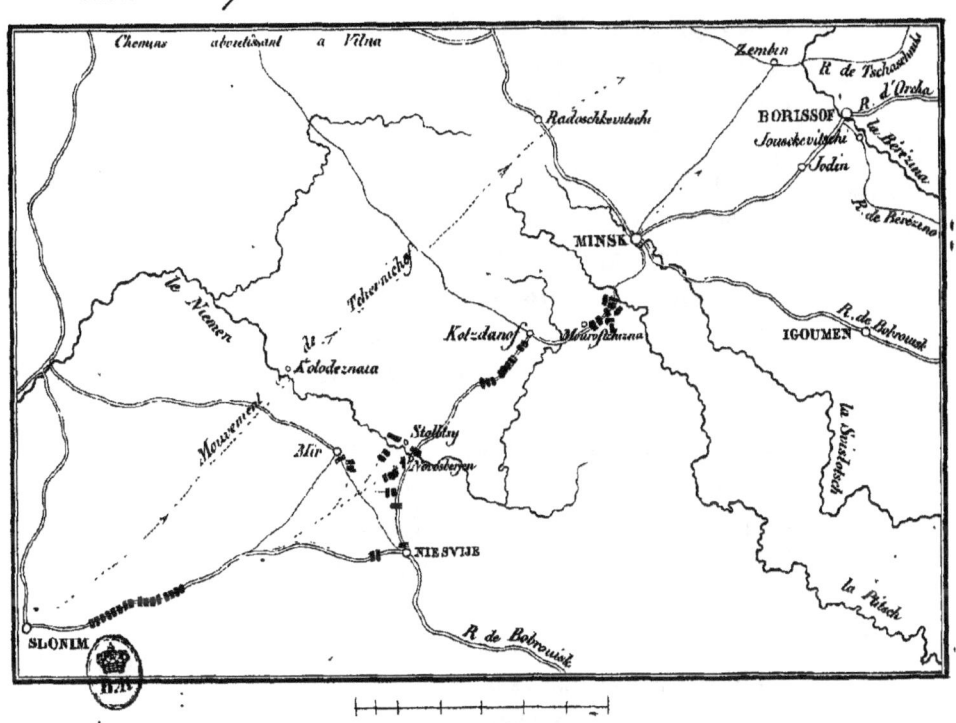

en se rapprochant de l'armée, auraient
dû prendre comme dans un filet l'ennemi qui était disséminé entre la Bérésina et la Pripet.

Le 15 octobre, on se réunit à Tchernaftchitzi ; les premières marches se
firent lentement et on perdit encore du
temps, car l'amiral, toujours préoccupé
des déterminations ultérieures du prince
de Schwartzenberg, temporisait dans
cette attente. Son intention était de
pouvoir se porter au secours de Sacken
s'il était attaqué par Schwartzenberg. Au
moment même où Tchitchagoff quittait
Tchernaftchitzi, il reçut la nouvelle que
la division Durut du corps d'Augereau
s'était réunie au prince Schwartzenberg,
ce qui portait ses forces à 50,000 hommes, tandis que Sacken n'avait que
18,000 hommes à lui opposer. Ces considérations obligèrent Tchitchagoff à

détacher la division d'Essen pour soutenir celle de Sacken, dont les forces s'élevèrent à 27,000 hommes. L'amiral Tchitchagoff ordonna alors au général Sacken de tâcher de prendre l'offensive avant qu'il ne se fût trop éloigné avec ses troupes; après avoir détaché le corps d'Essen, il resta encore 32,000 hom. à Tchitchagoff, et il espérait encore les augmenter par les renforts des détachemens de Lieders (3,500 hommes) et d'Ertel (15,000). Après avoir pris ces mesures, il accéléra sa marche par Seletz, Smolianitza et Roujany, et arriva le 25 à Slonim, où il apprit que le prince Schwartzenberg avait gagné deux marches sur Sacken et qu'il s'était montré entre Volkovisk et Zelvé; il expédia aussitôt le colonel Czernicheff à la tête d'un seul régiment de cosaques, lui ordonnant d'occuper Zelvé et Deretchine, afin d'entraver la marche de l'ennemi. Czernicheff apprit à Zelvé que le général autrichien More s'avançait de Grodno à Mosty sur le Niémen et qu'il s'apprêtait à en effectuer le passage dans l'intention de se réunir au prince Schwartzenberg, qui déjà se trouvait à Volkovisk ; mais Czernicheff avec ses cosaques brûla les matériaux qu'on avait apportés pour la construction d'un pont, il détruisit ensuite les ponts qui se trouvaient sur la Zelvé et arrêta ainsi le mouvement des Autrichiens pour quelque temps. Tchitchagoff profita de ce retard pour continuer sa marche sur Nesvige.

Il est évident que le prince de Schwartzenberg et Régnier ne pouvaient rester tranquilles spectateurs de la marche de Tchitchagoff; avertis de son mouvement par les habitans de Brzest, ils pénétrèrent son intention, qui était de se porter sur les derrières de Napoléon. Or, la principale, ou plutôt l'unique destination de Schwartzenberg était d'empêcher les armées russes qui se trouvaient en Lithuanie de marcher sur Napoléon. Il était question de cela dans tous les ordres que Napoléon envoyait à Schwartzenberg; on y trouve cette phrase répétée plusieurs fois : « faites en sorte que les Russes que vous avez devant vous ne viennent pas se porter sur moi » (1). Aussi, à peine eurent-ils appris le départ du corps de Tchitchagoff qu'ils se mirent à sa poursuite, passèrent le Boug à Droghitchine et se dirigèrent à marches forcées sur Volkovisk, avec une rapidité vraiment surprenante pour des troupes allemandes. Sacken, à son tour, ayant eu connaissance de ce

(1) Fain, manuscrit de 1812, p. 11, l. 227.

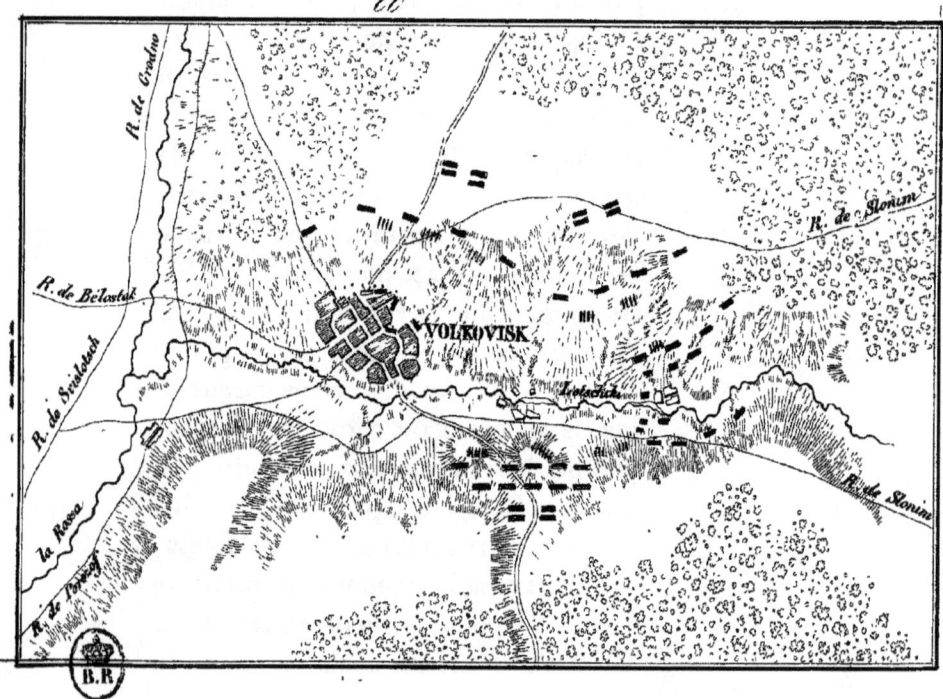

mouvement, marcha sur Vissokolitovsk. Voici ce que dit ce général à ce sujet :

Mon intention était d'attaquer l'arrière-garde ennemie partout où je pourrais l'atteindre, de tomber sur les corps isolés si l'occasion s'en présentait, mais de reculer devant des forces supérieures; c'était le seul moyen par lequel j'espérais faciliter le mouvement de Tchitchagoff. Si même j'avais été battu (ce qui, du reste, n'est pas arrivé), l'échec que j'aurais éprouvé en retenant l'ennemi aurait contribué au succès de ce mouvement en avant de Tchitchagoff, manœuvre d'où dépendait le sort de la guerre. »

Tel a été le plan si sagement conçu par le général Sacken ; la fermeté de son caractère pouvait en garantir l'exécution.

A la première nouvelle du mouvement de Schwartzenberg et de Régnier,

Sacken supposait qu'une partie seulement des forces ennemies avait réussi à passer le Boug; il marcha en conséquence sur Vissoko-litovsk dans le but de les attaquer; mais il s'aperçut bientôt que tout le corps se trouvait sur la rive droite, et il acquit la certitude que non-seulement il avait traversé le Boug, mais aussi la Naréva, que les Autrichiens étaient en marche sur Volkovisk, tandis que les Saxons qui masquaient les mouvemens de Schwartzenberg se dirigeaient sur Svislotch et Parosoff, appuyant leur arrière-garde sur la Naréva du côté de Pleski. Fidèle à son plan, Sacken fit mine de pousser vivement le corps de Régnier, ce qui obligea le prince de Schwartzenberg de revenir sur ses pas pour soutenir les Saxons. C'était une répétition de la manœuvre exécutée avec succès par Tormassof, au mois de juillet, à Kobrine. Sacken se porta par Belavége sur Roudnia et Porosoff, où il atteignit le 31 octobre Régnier ; il fit ses dispositions le lendemain pour l'attaquer et tourner son aile gauche, afin de couper ses communications avec Schwartzenberg, lequel se dirigeait de Slonime à Volkovisk ; Régnier n'attendit pas l'attaque et se retira vers Volkovisk, où il plaça son corps derrière la ville qu'il occupa avec son arrière-garde. Saken, qui avait suivi Régnier sans relâche, résolut de tenter sur Volkovisk une attaque nocturne dont il augurait un plein succès, attendu que d'après les renseignemens qui lui avaient été donnés par les juifs, tous les généraux du corps de Régnier, pour éviter le froid du bivouac, devaient passer la nuit à Volkovisk ; il forma quatre détachemens qui devaient marcher en tête des colonnes, et leur ordonna de se précipiter dans la ville par différens points qu'il désigna ; l'un de ces détachemens avait ordre d'entourer la maison qu'occupait le général Régnier. Le 2 novembre, à dix heures, par une nuit orageuse, les détachemens se mirent en marche, mais le bruit causé par le soulèvement d'une baricade éveilla l'attention des factionnaires qui gardaient le poste, ils ouvrirent le feu et donnèrent l'alarme ; l'avant-garde saxonne courut aux armes, cependant les Russes avaient déjà envahi les rues, et s'étaient approchés de la maison de Régnier où ils espéraient le surprendre ; mais ce général ne s'y trouvait pas et c'est par le plus grand des hasards qu'il évita la captivité. La veille, lorsqu'il entra dans la maison qui lui était destinée, il la trouva si sale, qu'il ordonna de lui préparer un autre logement. Ignorant cette circonstance, les soldats russes se précipitèrent du côté de la maison indiquée. Cependant celui-ci, à la première alerte, se sauva par la croisée; les autres généraux eurent aussi le temps d'échapper, et laissèrent en notre pouvoir leur bagage et un drapeau (1).

En attendant, nos colonnes s'approchaient, mais leur mouvement se faisait irrégulièrement à cause de la nuit et de l'ouragan; la fusillade dans la ville dura jusqu'à l'aube du jour; les Saxons furent expulsés et se retirèrent du côté de la position que couvraient les forces

(1) La chambre qu'occupait le général Durut fut investie par les Cosaques, un instant après que le général l'eût quittée ; on trouva sur la table une carte qu'il était occupé à examiner au moment où il entendit les coups de fusil. Une cafetière en argent et une tasse à moitié remplie se trouvaient sur la même table ; le café était encore chaud.

principales de Régnier. Il fit canonner Volkovisk, et envoya à plusieurs reprises des troupes pour s'emparer de cette ville, mais elles furent constamment repoussées. Sacken se contenta de l'occupation de la ville et s'abstint d'attaquer la position du corps saxon ; car il avait reçu l'avis que le prince Schwartzenberg, ayant appris que les Russes inquiétaient ses troupes depuis plusieurs jours, revenait sur ses pas de Slonime à Isabelline, se dirigeant sur notre aile droite et sur les derrières. Le projet de Sacken était de rester en observation, et de ne se retirer qu'à l'approche de Schwartzenberg ; mais les prisonniers autrichiens le forcèrent de changer son plan : ils déclarèrent unanimement que Schwartzenberg était retourné à Slonime ; c'est alors que Sacken trompé par les fausses déclarations de prisonniers, prit le parti d'attaquer Régnier qu'il ne quittait pas plus que son ombre. L'attaque fut fixée au lendemain 4 novembre; le général Boulatoff devait passer un petit fleuve près du village Latchiki et tomber sur l'aile gauche de Régnier, tandis que les généraux Essen et le comte de Liewen feraient de fausses attaques sur le centre. En voyant les préparatifs des Russes, Régnier les attendit avec joie, parce qu'il était sûr de l'arrivée de Schwartzenberg pour le soir; il donna pour mot d'ordre : « Volkovisk et victoire. » Vers les dix heures du matin nos troupes marchèrent au combat, la fusillade commença, et déjà l'artillerie grondait, lorsque tout-à-coup on entendit deux coups de canon du côté droit : c'étaient les signaux du prince de Schwartzenberg qui avertissait Régnier de son arrivée.

En même temps les éclaireurs vinrent annoncer que l'avant-garde autrichienne avait fait son entrée à Isabelline, et qu'elle s'était emparée d'une grande partie de nos bagages. Sacken fut obligé de suspendre son attaque, afin de ne pas se trouver entre deux feux; il fit sonner la retraite, et ordonna à son arrière-garde de tenir à Volkovisk; Régnier se porta en avant et voulut enlever Volkovisk d'assaut, mais il fut repoussé. Bientôt après notre arrière-garde suivit le mouvement du reste du corps qui se retirait par Gnezno à Svislotch. Sacken y arriva le 5 novembre, jour de l'affaire de Krasnoë; puis il continua sa retraite sur Rouduia. Le prince de Schwartzenberg, après s'être réuni à Régnier, marcha sur les pas de Sacken, qui, ne voulant pas risquer une bataille avec un ennemi infiniment supérieur, se retirait sur Brzest. Le 13 novembre, il traversa le Moukhanetz et continua à se diriger sur Lubomle ; c'est ainsi qu'il atteignit son but, c'est-à-dire qu'il détourna Schwartzenberg et Régnier de l'armée du Danube.

Revenons à Tchitchagoff : arrivé à Slonime le 25 octobre, il devait nécessairement en informer Wittgenstein, d'après le plan d'opérations arrêté au quartier-général de la grande armée ; il avait reçu l'ordre d'agir de concert avec Wittgenstein. Jusqu'à présent l'amiral n'avait pu se mettre en communication directe avec lui ; la correspondance se faisait lentement ; on était obligé de faire de longs détours pour communiquer, et les nouvelles arrivaient irrégulièrement. Où était le comte de Wittgenstein ? Pourra-t-il se réunir à l'armée ? C'étaient là des questions qu'il était aussi essentiel de résoudre dans l'intérêt de Tchitchagoff, qu'il était urgent pour le comte de Wittgenstein de savoir où était l'armée de Moldavie. Tchitchagoff donna l'ordre à Czernicheff, aide-de-camp de l'empereur, de se mettre à la tête d'un régiment de Cosaques et d'aller à la recherche de Wittgenstein, pour le prévenir de la marche de l'armée sur Borissoff; il devait se frayer une nouvelle route et courir en sens inverse de toutes les directions de l'ennemi; partout on voyait des détachemens de l'armée de Napoléon; partout les habitans, hostiles aux Russes, surveillaient nos mouvemens et pouvaient prévenir les commandans des villes et des étapes de l'apparition de Czernicheff. Il fallait une rapidité extraordinaire pour réussir; Czernicheff passa à la nage le Niémen, près de Kolodeznoë, et faisait plus de 70 verstes (1) dans vingt-quatre heures ; son apparition subite lui permit de tomber à l'improviste sur des magasins, des hôpitaux et des piquets isolés ; mais l'importance de sa mission et son éloignement du corps de l'armée ne lui permirent pas de s'embarrasser de prisonniers ; il se contenta de détruire les armes et les munitions ; il effectua pendant la nuit le passage de Minsk, à Vilna, par la route de Radochkévitch, fit halte à une distance de 30 verstes, retrancha ses Cosaques sur différens points, et épia les voyageurs, afin de tâcher d'enlever quelques émissaires ennemis; le bonheur, qui n'a jamais quitté Czernicheff à la guerre, le favorisa dans cette occasion : quatre courriers du cabinet de Napoléon

---

(1) 20 lieues.

furent enlevés cette nuit, ainsi que plusieurs gendarmes qui escortaient le général Wintzingerode qui avait été fait prisonnier. La surprise de ce général fut grande lorsqu'il reconnut Czernicheff ; il ne pouvait en croire ses yeux, ni s'imaginer de quelle manière les Russes pouvaient se trouver entre Minsk et Vilna.

Après cette prise heureuse, Czernicheff continua sa marche avec la même rapidité, et, après avoir traversé dans quatre jours près de 400 verstes, il arriva à Tchachniki, près du comte Wittgenstein, qui, pour la première fois depuis l'ouverture de la campagne, reçut directement des nouvelles de l'armée de Tchitchagoff, de ses mouvemens et de ses projets ultérieurs. En annonçant cette course rapide au prince royal de Suède, l'empereur Alexandre écrivait : « Czer-

» nicheff a fait une des marches les plus
» hardies que l'histoire militaire of-
» fre (1). »

Le lendemain du départ de Czernicheff, 26 octobre, Tchitchagoff quitta
Slonime et marcha sur la Bérézina, par
Nesvige; à l'aspect des troupes russes
qui marchaient hardiment en avant, à
leur air dispos et déterminé et à l'ardeur qu'ils témoignaient de se battre,
les habitans étaient dans le plus grand
étonnement ; ils croyaient, d'après les
fausses nouvelles que répandaient les
émissaires de Napoléon, que la Lithuanie était entièrement et à tout jamais
évacuée par les Russes ; ils étaient persuadés que notre armée, battue et dispersée par Napoléon, rôdait autour de
Moscou; on ignorait complètement dans

(1) Lettre de l'empereur Alexandre au prince royal
de Suède, du 16 novembre.

tous ces pays les désastres de l'armée française et la fuite de Napoléon ; voilà pourquoi ils ne pouvaient s'expliquer l'apparition de l'armée du Danube ; on s'empressait de brûler les proclamations révolutionnaires, les journaux, les tableaux transparens qu'on avait exposés dans les illuminations lorsqu'on célébrait l'entrée de Napoléon à Moscou, et les gardes nationaux cachaient leurs armes, leurs cocardes, et se sauvaient dans leurs maisons. Pendant sa marche de Slonime, Tchitchagoff apprit qu'un corps ennemi très-considérable avait été aperçu près de Nesvige et Novosvergène : c'étaient les troupes que Bronikowski, gouverneur français de Minsk, avait envoyées à la rencontre de l'armée du Danube, lorsqu'on l'informa de son approche. Bronikowski et tout son entourage étaient persuadés que Napoléon était invincible; il ne croyait pas aux nouvelles qu'il recevait, et s'imaginait que les Russes qui s'étaient montrés à Slonime n'étaient que des partisans. Il ordonna en conséquence au général Kossecki de marcher contre eux avec un corps de 5,000 hommes, n'ayant en tout que 7,000 hommes sous ses ordres. Le corps de Kossecki était composé de régimens formés en Lithuanie et de quelques bataillons français tirés des ambulances.

Le comte de Lambert fut expédié contre Kossecki; il envoya un détachement de cavalerie du côté de la grande route de Nesvige et se dirigea lui-même, à la tête du reste de la cavalerie et de deux régimens de chasseurs à pied, par des sentiers détournés, du côté de Novosvergène, voulant tomber à l'improviste sur cette ville, où se trouvait le général Kossecki lui-même, et intercepter ainsi la retraite de l'ennemi qui occupait Nesvige. Il arriva près de Novosvergène le 1ᵉʳ novembre, deux heures avant la pointe du jour, et envoya de suite le 10ᵐᵉ régiment de chasseurs pour tourner la ville à droite; le 14ᵉ régiment de la même arme marcha directement sur la ville; c'est à la baïonnette et sans tirer un seul coup de fusil que ce dernier attaqua l'ennemi, qui se trouvait à la barrière, pénétra sur ses pas dans la ville et arriva sur la place en même temps que lui. Deux bataillons seulement se formèrent à la hâte sur la place et n'eurent que le temps de faire une seule décharge ; attaqués à la baïonnette, ils se dispersèrent. Leur chef ayant été fait prisonnier, disait qu'il n'aurait pas été défait si, au lieu d'une décharge, il avait fait faire un feu de peloton. On lui fit observer que la proximité des baïonnettes russes n'aurait guère permis qu'à un seul peloton de faire feu, ce qui aurait été moins meurtrier qu'une décharge générale. Pendant que l'on désarmait et que l'on saisissait ceux qui s'étaient avancés dans la ville, le 10ᵉ de chasseurs attaqua un bataillon polonais sur la route de Nesvige, la cavalerie le tourna et il fut complètement défait. Les prisonniers nous informèrent que le général Kossecki avait fait partir la veille un détachement à Mir, avec ordre de dégager les Cosaques. Le comte de Lambert y envoya des troupes, mais déjà le comte Orourck l'occupait depuis le matin; après en avoir chassé les Polonais, il les entoura sur une plaine avec sa cavalerie et força 400 hommes à mettre bas les armes. Un régiment de Cosaques fut en même-temps envoyé à Stolbtzi aussitôt après l'occupation de

Novosvergène. Les Cosaques traversèrent le Niémen à la nage et firent prisonniers tous les Polonais qui se trouvaient à Stolbtzi. Pendant ces opérations, le comte de Lambert fit 800 prisonniers, parmi lesquels 13 officiers; mais ce qui était plus important pour nos mouvemens ultérieurs, c'est que nous nous rendîmes maîtres d'un pont sur le Niémen, que l'ennemi n'eut pas le temps de détruire. Dans la soirée, le comte de Lambert reçut la nouvelle que l'ennemi avait évacué la ville sans attendre l'attaque; on y trouva une foule d'objets précieux en pierreries, perles fines, etc., résultant du pillage de Moscou, et que l'on avait envoyés en dépôt à Nesvige. Le lendemain le comte de Lambert poursuivit Kossecki, qui battait en retraite sur Minsk; ne voulant pas lui donner le temps de se remettre, il envoya la cavalerie en avant, l'infanterie la suivait. Le 3 novembre, le lendemain de l'affaire de Svergène, après avoir traversé avec sa cavalerie l'espace de 20 verstes, le comte de Lambert joignit l'ennemi à Koïdanoff; son arrière-garde était composée de l'élite de ses troupes; il avait, outre la cavalerie, deux bataillons français; voyant qu'il n'était poursuivi que par la cavalerie, Kossecki ordonna à son arrière-garde de faire halte près du village de Mourovstchizna, afin de donner le temps aux détachemens de marcher en avant; le régiment des dragons de Gitomir attaqua la cavalerie qui se tenait près du village, la battit et s'empara d'un canon, et les Cosaques qui furent envoyés à la poursuite de l'ennemi firent prisonniers le reste des cavaliers. Après cette brillante attaque, les dragons se portèrent sur les derrières de l'infanterie française, qui occupait le village de Mourovstchizna, mais ils ne purent l'enfoncer; bientôt après arrivèrent quatre pièces de canon qui ouvrirent un feu de mitraille contre l'ennemi, lequel, voyant que toute retraite lui était coupée, mit bas les armes. Pendant qu'on se battait sur ce point, le comte de Lambert envoya deux régimens, l'un de lanciers, l'autre de dragons, soutenus par quelques régimens de Cosaques, à la poursuite des forces principales de Kossecki; elles furent attaquées par la cavalerie et finirent par se rendre. De l'autre côté du chemin, une colonne qui se sauvait à travers champs fut aussi prise par des hussards. C'est ainsi que fut presque entièrement détruit le détachement de Kossecki. Dans ces deux journées on fit 4,000 prisonniers, dont 36 officiers; on en leva deux canons et deux drapeaux, une grande quantité de bagages et un chœur entier de musiciens, qui furent incorporés au 14ᵉ régiment de chasseurs ; les soldats s'amusaient à leur faire jouer les airs qui avaient été composés par l'ennemi pour célébrer la ruine de la Russie.

La conséquence la plus importante des succès du général Lambert fut d'avoir ouvert les communications avec Minsk, point sur lequel Napoléon voulait diriger sa retraite; aussi le prince Koutouzoff ne cessait-il d'écrire à Tchitchagoff pour le presser d'occuper cette position. Le 4 novembre, le lendemain de la défaite de Kossecki, le comte de Lambert s'établit à Minsk; il y arriva si promptement, qu'il y précéda Dombrowski, qui avait reçu plusieurs jours auparavant un ordre de Napoléon de quitter Bobrouisk pour venir couvrir

Minsk. Il s'y rendait à marches forcées. Prévenu par Bronikowski du danger dans lequel se trouvait cette place, le général Dombrowski prit les devans sur sa division et arriva seul à Minsk, où il trouva tout dans le plus grand désordre, parce que les éclaireurs du corps de Lambert se faisaient déjà apercevoir; les soldats du détachement de Kossecki arrivèrent sans armes et isolés à Minsk et y répandirent la terreur. Dombrowski, voyant ce qui se passait, retourna sur ses pas et conduisit sa division du côté du bourg de Bérésina, avec l'intention de marcher de là à Borissoff. Un autre résultat plus important que produisit la célérité des opérations du général Lambert, fut l'impossibilité où se trouva l'ennemi de détruire les magasins d'approvisionnemens de l'armée, les effets d'équipement, la poudre et le plomb que depuis trois mois on emmagasinait à Minsk, désigné comme point central de dépôts et d'approvisionnemens de l'armée. Les magasins renfermaient une si grande quantité de provisions, surtout en farine que l'on venait d'apporter de Trieste, qu'il y en eut suffisamment pour nourrir l'armée pendant un mois. On y trouva 110 prisonniers russes, les hôpitaux contenaient 2,224 ennemis. Les autorités françaises et polonaises agissaient avec les malades de la manière la plus barbare; non-seulement on ne leur donnait aucuns soins, mais encore on laissait les cadavres pourrir au milieu des malades, où ils gisaient souvent pendant huit et dix jours.

Tchitchagoff suivait avec rapidité son avant-garde victorieuse et recevait cependant en chemin des ordres réitérés d'accélérer encore sa marche déjà si prompte. Voici ce que lui écrivait le maréchal Koutousoff : « Je puis vous » assurer que les ravages causés par la » faim et dont nous avons été témoins » l'année dernière dans l'armée du » Grand-Vizir, ne peuvent se compa- » rer aux horreurs que la famine et le » froid exercent aujourd'hui sur l'armée » française. Hâtez-vous de venir par- » ticiper aux efforts de tous, et alors » la ruine de Napoléon deviendra iné- » vitable; il est urgent d'ouvrir des com- » munications immédiates entre votre » armée et la grande armée par Kopis, » Tzetzergine, Oucha et Minsk. La réu- » nion de toutes nos forces peut décider » de l'anéantissement de Napoléon. » — L'empereur Alexandre, de son côté, écrivait à Tchitchagoff, en l'informant des principaux évènemens qui s'étaient accomplis sur le théâtre de la guerre :

« Vous voyez combien il est important
» de tâcher de vous réunir à Wittgens-
» tein dans les environs de Minsk ou de
» Borissoff et de vous rencontrer avec
» Napoléon face à face, pendant que le
» prince Koutousoff le poursuit.

» J'abandonne à votre volonté le
» choix des dispositions les plus efficaces
» pour atteindre le but que nous nous
» proposons de ne pas laisser échapper
» Napoléon de nos frontières et d'anéan-
» tir son armée, en la réduisant à la
» nécessité de se placer entre Koutou-
» soff, Wittgenstein et Ertel. Calculez
» l'espace et le temps : le 20 octobre
» Napoléon se trouvait à Gjatzk, et vous
» vous trouviez le 17 entre Brzest et Slo-
» nime ; par conséquent vous pouvez
» arriver à temps. Songez aux consé-
» quences qui peuvent résulter d'une
» combinaison contraire, et si Napoléon

» réussissait à se sauver et à former une
» nouvelle armée. (1) » Le 5 novembre,
jour de la bataille de Krasnoë, Tchitchagoff arriva à Minsk. Il l'annonça au prince Koutousoff dans un rapport en date du 7 novembre; on y lisait la phrase suivante : « De cette manière l'armée du
» Danube se trouve sur le chemin par le-
» quel s'avance l'ennemi poursuivi par
» Votre Altesse; je ne manquerai pas de
» mon côté d'employer tous les moyens
» pour l'anéantir complètement. » C'est aussi à son arrivée à Minsk que l'amiral reçut un rapport du comte de Wittgenstein, en réponse aux dépêches qui lui avaient été remises par Czernicheff; c'était le premier rapport qui pendant cette campagne arrivait directement de Wittgenstein; il l'informait de la situa-

(1) Extrait d'une lettre autographe de l'empereur Alexandre, du 26 octobre.

tion de son corps d'armée et de celle de l'ennemi qu'il avait devant lui. Tchitchagoff écrivit alors à Koutousoff : « Si » Victor reste dans la position où il se » trouve, je m'empresserai de l'atta-» quer. »

C'est ainsi que les communications de nos corps d'armées commençaient à se régulariser. Lorsque Tchitchagoff, par la rapidité de ses mouvemens, commençait à réparer le temps qu'il avait perdu sur les bords du Boug, il reçut une nouvelle fâcheuse : il a été dit plus haut qu'en quittant Brzest, il avait envoyé des ordres aux généraux Lieders et Ertel de joindre son armée ; le premier devait faire sa jonction à Nesvige, et le second à Igoumène ; Lieders arriva le jour fixé ; mais Ertel, avec 15,000 hommes, ne bougea pas de Mozir ; il détacha seulement six bataillons de faible réserve, quatre escadrons et un régiment de Cosaques ; les causes qui l'ont empêché de se conformer aux ordres de Tchitchagoff sont les suivantes :

1° Il attendait de Gitomir des escadrons de réserve, et demandait s'il fallait les laisser à Mozir ou bien marcher avec eux ;

2° Il avait plus de 2,000 malades; ses magasins contenaient 25,000 boisseaux de blé et 400,000 livres de foin ; le maréchal Koutousoff lui avait donné l'ordre de transporter les vivres à Bobrouisk; le général Ignatieff qui y commandait demandait 5,000 boisseaux de farine, sans quoi il ne pouvait approvisionner l'armée de Tchitchagoff; toutes ces circonstances firent qu'Ertel hésita, car il ne savait à qui confier la garde de Mozir quand il l'aurait évacué, ni qui charger de transporter les vivres à Bobrouisk ;

3° Il ne se mit pas en marche à cause des mauvaises dispositions des habitans et d'une épizootie qui décimait ses chevaux.

Le général Ertel attendait une décision à toutes ses questions ; en attendant, il perdait beaucoup de temps, au point que, lorsqu'il se décida à partir, les rivières Pripet et Ptitché, qui charriaient de la glace, l'arrêtèrent dans sa marche ; il fut destitué et remplacé par le général Toutchkoff, qui reçut l'ordre de l'amiral Tchitchagoff de prendre la route de Rogatcheff et de Mohileff, pour opérer sa jonction avec l'armée du Danube ; il écrivit en même temps à Sacken de détacher le corps d'Essen, afin de remplacer les troupes d'Ertel qui tardaient à venir. Ayant en vue l'occupation prochaine de Borissoff, Tchitchagoff y envoya de Minsk le général Lambert en le fortifiant de deux régimens d'infanterie et d'une compagnie d'artillerie ; le général Tchaplitz reçut l'ordre de se porter à Zembine, pour observer les mouvemens de l'ennemi sur la Bérésina, au-dessus de Borissoff, et le colonel Loukofkine fut chargé d'en faire autant du côté d'Igoumène où il devait avoir l'œil sur les mouvemens de Dombrowski ; le gouverneur de Minsk, Bronikowski, évacua cette ville et se sauva avec les débris de sa garnison à Borissoff; chemin faisant et à Borissoff même, il augmenta ses forces en s'adjoignant divers détachemens qui se trouvaient dans la ville ou qui s'y rendaient d'Orcha; c'est ce qui porta son corps à 4,000 hommes ; Dombrowski, avec 3,000 hommes, avait quitté la Bérésina et allait se réunir à Bronikowski, ce qu'il n'aurait jamais pu faire si

Ertel fût arrivé à Igoumène le 8 novembre. Le comte de Lambert occupa Iodine; les patrouilles qu'il envoya firent prisonniers et lui amenèrent des officiers polonais, qui tous assurèrent que Dombrowski allait à Borissoff presque en fuyant, et qu'il espérait y arriver dans la nuit; que, vers le soir, il devait faire une halte. Il se présentait au général Lambert deux moyens d'agir : 1° marcher immédiatement sur Dombrowski, l'attaquer en chemin, ou bien lorsqu'il ferait halte ; 2° accélérer sa marche sur Borissoff pour y arriver avant Dombrowski. Le premier moyen paraissait moins certain; Dombrowski pouvait, avant qu'il n'arrivât, lever son camp, et nous aurions fait une marche inutile; voilà pourquoi le comte de Lambert prit le parti de marcher droit sur Borissoff. Un officier du génie, qui se trouvait auprès de lui, lui donna tous les renseignemens nécessaires ; il avait été employé aux travaux de cette place pendant le printemps dernier. Bien que la colonne eût déjà fait 35 verstes dans une saison froide et humide, le comte de Lambert ne lui donna qu'un petit moment de repos et partit au milieu de profondes ténèbres, dans la nuit du 8 au 9 novembre. Cette marche nocturne s'effectua heureusement, et le 9, une heure avant que le jour ne parût, les troupes arrivèrent, sans être aperçues de l'ennemi, à 2 verstes de Borissoff; le comte de Lambert fit de suite les dispositions suivantes : le 14ᵉ régiment de chasseurs à pied devait attaquer les retranchemens de la droite, le 33ᵉ de la même arme ceux de la gauche, et aussitôt que la fusillade sur les deux flancs se serait fait entendre, le 7ᵉ de chasseurs

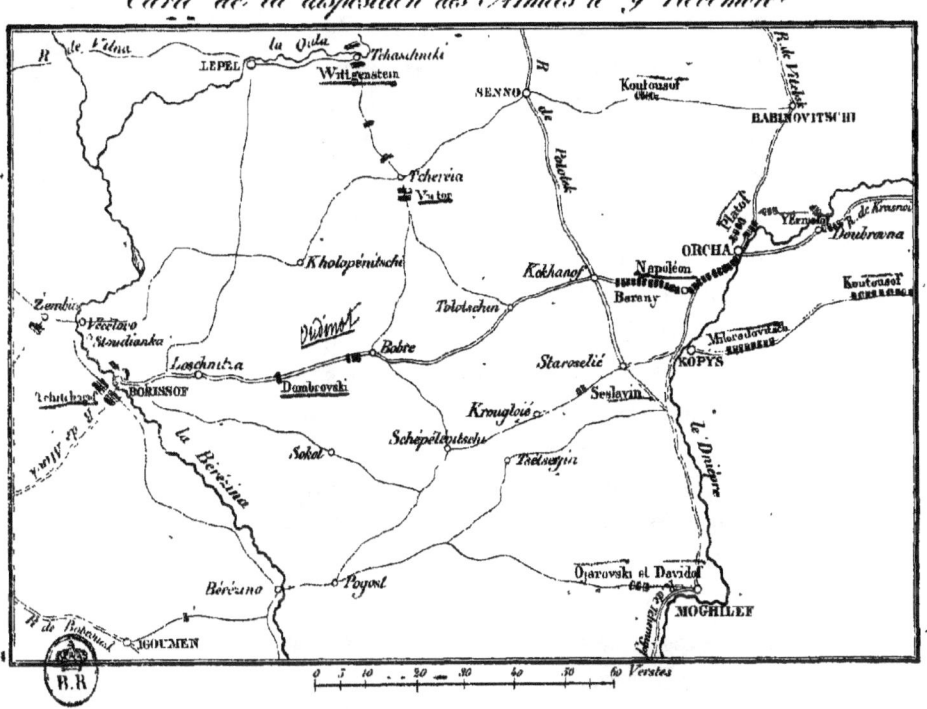

Carte de la disposition des Armées le 9 Novembre

devait se précipiter sur le centre; la réserve était composée de deux régimens d'infanterie, de deux régimens de cavalerie, hussards et dragons, et de deux compagnies d'artillerie. La rapidité de cette marche de nuit offrit d'immenses avantages, et la preuve en est que Dombrowski, qui était arrivé à Borissoff un peu avant Lambert, à trois heures après minuit, s'était établi, au milieu des retranchemens, en colonne, dans le même ordre où ses troupes se trouvaient lorsqu'elles marchaient; il n'eut pas le temps d'occuper les redoutes, parce que l'obscurité ne lui permit pas de s'orienter, et parce qu'il voulait donner aux soldats le temps de se reposer, ne supposant pas que les Russes étaient aussi près de lui. Bientôt commença l'attaque : le général Krassofsky, à la tête du 14° régiment, entra dans la redoute de l'aile droite de l'ennemi, où il rencontra une colonne de Polonais avec quatre canons, qui marchait pour occuper cette redoute ; l'étonnement de l'ennemi fut extrême en voyant les Russes; encore une heure, et l'occupation de ce point devenait, sinon impossible, du moins difficile, vu le petit nombre des assaillans. Les Polonais firent mine de se défendre, mais, attaqués à la baïonnette, ils se dispersèrent ; on leur enleva deux canons ; en même temps, le 38° s'empara de la redoute de l'aile gauche; mais il en fut délogé ; alors le comte de Lambert fit marcher pour le soutenir le 7° de chasseurs, qu'il confia au général-major Engelhardt, lequel se précipita sur la redoute, s'en empara, et tomba mort.

Au commencement même de l'affaire, Dombrowski avait reçu du maréchal Oudinot, qui arrivait de Bobre, l'ordre de tenir à Borissoff jusqu'à la dernière extrémité. Dans une lettre interceptée du général Dombrowski au maréchal Victor, il était dit : « J'ai » reçu l'ordre du duc de Reggio de me » défendre jusqu'à l'extinction de mes » troupes. » — Voyant l'impossibilité de nous enlever de vive force les redoutes, Dombrowski prit le parti de les tourner avec les troupes qui se trouvaient hors des retranchemens; on aperçut bientôt une colonne ennemie qui débouchait du village Dymki sur les derrières de Krassofski ; une autre menaçait notre flanc droit du côté du village Tchouriyouchkevitch; cette colonne marchait à la suite de Dombrowski pendant la nuit et n'avait pas eu encore le temps de le joindre dans ses retranchemens ; elle fut désignée pour l'attaque de notre flanc droit; le général Lambert envoya contre ces colonnes de l'artillerie et des troupes de sa réserve : ils arrêtèrent l'ennemi et l'obligèrent à rétrograder ; en même temps, les Polonais qui s'étaient montrés du côté de Dymki, voyant qu'on avait coupé leurs communications avec Dombrowski, se portèrent sur le haut de la Bérésina pour chercher le gué et tâcher par la rive gauche de la rivière de gagner Borissoff ; c'est ainsi que les flancs et les derrières de nos chasseurs qui avaient attaqué les fortifications se trouvèrent dégagés ; il nous fallait cependant nous rendre maîtres des retranchemens dans lesquels Dombrowski et Bronikowski se défendaient à outrance ; le 13e et le 38e de chasseurs montèrent à l'assaut, mais ils furent repoussés ; le comte de Lambert se mit à leur tête, voulant les mener à un nouvel assaut ; mais au moment où il se portait en avant, il fut grièvement blessé au genou, ce qui faillit faire échouer son entreprise; mais notre excellente artillerie répara cet échec momentané; le colonel Magdenko arriva à la-tête d'une compagnie d'artillerie à cheval, s'arrêta à la distance d'une portée de mitraille et canonna vigoureusement l'ennemi; d'un autre côté, Krassofski, après avoir réuni les deux régimens de chasseurs, les fortifia de la réserve et attaqua à la baïonnette; culbuté de toute part, l'ennemi abandonna les fortifications avec quatre canons, et se sauva du côté de la rivière; en même temps le 14ᵉ régiment des chasseurs descendit dans un ravin, d'où il tira sur le pont sur lequel se portait l'ennemi; bientôt les chasseurs se précipitèrent à sa poursuite, ils furent suivis par les dragons, l'artillerie à cheval et le régiment des hussards d'Alexandre ; ces braves étaient exaspérés de colère, ayant appris que leur chef, le général Lambert, avait été blessé: les Russes poursuivirent l'ennemi, le long du pont; en s'approchant de la ville, ils prirent un canon qui n'avait tiré qu'un seul coup, après quoi ils entrèrent dans Borissoff ; Dombrowski s'arrêta hors de la ville, près d'un moulin; il commença à rallier et à ranger les soldats qui s'étaient sauvés des fortifictions, mais on ne lui en donna pas le temps, il fut culbuté, et il se précipita sur le chemin d'Orcha. Ce combat, qui avait commencé à la pointe du jour, se termina à quatre heures du soir: 2 drapeaux, 8 canons et 2,500 prisonniers restèrent au pouvoir des Russes; le détachement du général Lambert, qui était composé de 2,300 hommes, en perdit 1,500 tués et blessés, mais il parvint dans l'espace de quelque jours à détruire le corps de Bronikowski, de 6,000 hommes, à battre le corps de Dombrowski, à faire prisonniers 6,500 hommes et à s'emparer de Borissoff, le point le plus sûr où Napoléon pouvait passer la Bérésina. Malgré sa blessure, le comte de Lambert fit immédiatement toutes les dispositions nécessaires pour ouvrir des communications avec le comte de Wittgenstein. Lors de l'assaut de Borissoff, le corps principal de l'armée de Moldavie était en marche vers cet endroit par Iodine : dès qu'on entendit la canonnade, on força la marche des troupes ; mais malgré cela, elles n'arrivèrent sur le champ de bataille que lorsque l'affaire fut terminée, affaire dont on n'a pas su jusqu'à présent apprécier toute l'importance, parce qu'on n'a pas su en tirer profit en temps utile. L'armée se disposa derrière les fortifications du pont; Tchitchagoff occupa le 10 novembre avec son état-major Borissoff: l'avant-garde se plaça sur le chemin d'Orcha. C'est ainsi que s'exécuta le mouvement de l'armée du Danube, du Boug à la Bérésina, d'après les dispositions faites par l'empereur Alexandre lui-même; elle y arriva avant Napoléon, qui ce jour là passait seulement le Dniéper, et elle parvint à s'emparer du principal point qui pouvait favoriser sa retraite. Mais Tchitchagoff ne songeait pas seulement à barrer le chemin à l'armée française; il nourrissait des projets plus étendus, espérant, ce qui alors semblait assez probable, prendre Napoléon lui-même; il publia dans cette circonstance un ordre du jour adressé à tous les détachemens et partisans, ainsi conçu:

« L'armée de Napoléon est en pleine dé-

» route, l'auteur des maux de l'Europe
» est avec elle; nous nous trouvons sur
» son chemin, il est très-possible que le
» Très-Haut veuille mettre un terme à
» sa colère en nous livrant Napoléon. Je
» désire, en conséquence, que le signale-
» ment de cet homme soit connu de tout
» le monde : il est petit de taille, gros,
» pâle; il a le cou court et épais, la tête
» grosse, les cheveux noirs; pour plus
» de certitude, j'engage à saisir et à
» conduire auprès de moi tous les hom-
» mes de petite taille.

» Je ne parle pas de la récompense
» qui sera donnée pour ce captif, la
» générosité de notre monarque la ga-
» rantit suffisamment. »

CHAPITRE II.

OPÉRATIONS QUI ONT PRÉCÉDÉ LE PASSAGE DE LA BÉRÉSINA.

Préparatifs des deux armées belligérantes. — Napoléon se hâte de marcher sur Borissoff, il apprend que les Russes en sont maîtres. — Ordre de Napoléon de prendre Borissoff. — Opérations de Wittgenstein pendant la marche de Napoléon sur Borissoff. — Jonction de Napoléon avec Victor. — Défaite de l'avant-garde de l'armée du Danube. — L'ennemi s'empare de Borissoff. Le hasard lui fait découvrir le point le plus favorable pour y établir un pont. — Disposition des troupes au 13 novembre. — Marche de Tchitchagoff sur Schabachévitchi et de Napoléon sur Stoudianka. — Mouvemens de Wittgenstein. — Mouvemens de Platoff, Miloradovitch et Yermoloff.

Les troupes russes arrivaient de tous les points de l'empire et se concentraient vers le lieu de réunion désigné par l'empereur ; le prince Koutousoff s'avançait de Taroutino vers le Dniéper ; l'amiral Tchitchagoff, du Boug vers la Bérésina, et le comte de Wittgenstein, de la Dvina à la Oula. Il semblait que l'orage qui devait éclater sur l'armée ennemie s'amoncelait entre le Dniéper et la Bérésina ; les deux chefs supérieurs des armées belligérantes, Napoléon et Koutousoff, combinaient chacun leurs efforts sur ce point ; le premier se portait avec précipitation sur la Bérésina et dirigeait tous ses efforts vers cette dernière rivière qu'il se hâtait de franchir pour se mettre ensuite en relation avec Schwartzenberg et Régnier ; quant au second, toute sa vigilance et toute son activité étaient employées à empêcher l'ennemi de passer le fleuve ; lorsque Napoléon eut pris le parti de marcher d'Orcha sur Borissoff, il se proposait de couvrir ce mouvement par les corps de Victor et d'Oudinot qui faisaient face à Wittgenstein; le principal corps d'armée avait d'ailleurs été renforcé par des troupes fraîches, savoir : la garnison d'Orcha, de Mohileff et autres places de la Russie Blanche, ainsi que par la jonction de plusieurs dépôts et détachemens isolés qui garnissaient les environs du Dniéper. Il écrivit à Berthier : « Le » temps de jouer à la manœuvre est » passé; l'armée d'Oudinot et de Victor » devient notre unique ressource; main- » tenant elle doit fournir au plus pressé, » à l'avant-garde comme à l'arrière- » garde; devant nous, pour nous ouvrir » le chemin; derrière, pour nous le fer- » mer. » (Ordre de Napoléon au prince de Neufchâtel.) En conséquence de ce plan, Napoléon, avant de quitter Orcha, ordonna : 1° au maréchal Oudinot de se séparer du duc de Bellune et de marcher de Tchéreya à Bobre sur la grande route d'Orcha, où il devait former l'avant-garde de la grande armée et se hâter de prendre le chemin de Borissoff, après quoi il devait rejoindre Dombrowski et tenir absolument à Borissoff, comme le passage le plus important de la Bérésina : il lui était recommandé, de plus, s'il le pouvait, de pousser jusqu'à Minsk; 2° au maréchal Victor de laisser passer derrière lui la grande armée, en la couvrant en même temps, dans sa marche sur la Bérésina, contre les attaques de Wittgenstein, et de se former en arrière-garde; 3° au prince Schwartzenberg et à Régnier d'agir avec vigueur et rapidité sur les derrières de l'armée du Danube, en contenant son mouvement sur la Bérésina; 4° à la tête de l'avant-garde devait marcher Junot suivi du corps de Zaïonczek; après quoi venaient la garde, Ney et le vice-roi d'Italie; l'arrière-garde était commandée par le maréchal Davoust. A cette époque, la position de l'armée ennemie s'était un peu améliorée; des provisions, quoique peu considérables, avaient été trouvées à Doubrovno, Orcha et autres places de la Russie Blanche. Cependant la quantité de vivres étant assez médiocre, on ne les distribuait qu'aux soldats qui avaient conservé leurs armes et leur drapeau; mais on ne donnait rien à ceux qui suivaient l'armée en foule et sans armes; ils étaient obligés de continuer à se nourrir de la chair de cheval, en maraudant, ou comme ils le pouvaient.

Le 9 novembre, commencèrent les mouvemens prescrits par Napoléon; Oudinot marcha de Tchéreya à Bobre, et Victor du même endroit à Kholopénitchi, afin de se rapprocher de la grande armée qui s'était ébranlée le même jour et avait quitté Baranoff pour se diriger sur Kokhanoff et Tolotchine.

Les dispositions du maréchal Koutousoff étaient ainsi formulées : 1° l'hetmann **Platoff**, à la tête de quinze régimens de Cosaques, du 1er régiment de chasseurs et de deux compagnies d'artillerie, devait, en quittant Orcha, suivre les traces de Napoléon et ne pas le perdre de vue; « car il se pourrait bien,
» écrivait le prince Koutousoff à Pla-
» toff, que Napoléon fît sa jonction à
» marches forcées avec les corps de
» Saint-Cyr et Victor, et qu'il allât
» ensuite tomber sur Wittgenstein et
» se frayer ainsi un chemin en Lithua-
» nie; voilà pourquoi il faut réunir tous
» ses efforts et attaquer l'ennemi par-

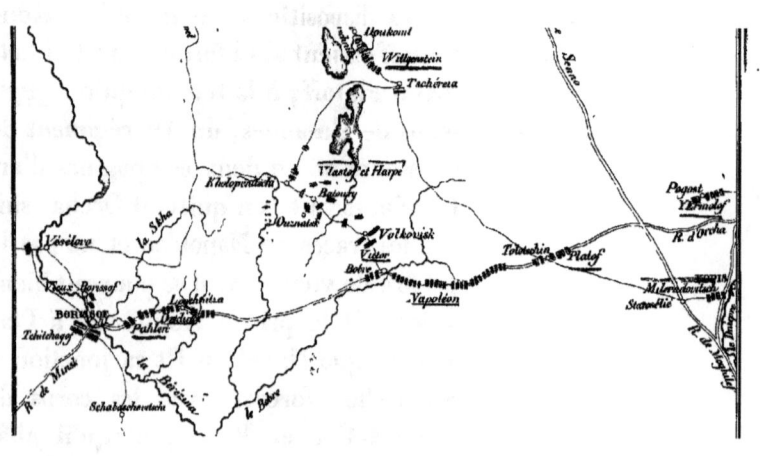

» tout où l'on pourra le rencontrer (1); »
2° Yermoloff, avec quatorze bataillons d'infanterie, deux régimens de Cosaques et deux compagnies d'artillerie, devait combiner ses mouvemens de manière à pouvoir toujours appuyer le comte Platoff; 3° le général aide-de-camp de l'empereur, Koutousoff (2), qui marchait à la tête d'un détachement, de Babinovitchi à Senno, avait ordre de maintenir à toute force des communications avec la gauche de Platoff et avec le comte de Wittgenstein, et d'agir de concert avec ces deux généraux; 4° Miloradovitch, qui avait sous ses ordres les 2⁰ et 7ᵉ corps d'infanterie et le 2ᵉ corps de cavalerie, avec quatre régi-

(1) Ordre de Koutousoff à Platoff, du 10 novembre.
(2) Il ne faut pas confondre ce général avec le commandant en chef, dont il est parent éloigné.

mens de Cosaques, devait se porter de Kopis, par Starocélié, à Tolotchine, y opérer sa jonction avec Yermoloff, qui passait sous son commandement; disposant alors de cinquante-quatre bataillons d'infanterie, sans compter la cavalerie, il avait ordre de poursuivre vivement l'ennemi; 5° Borozdine, avec six régimens de Cosaques et la cavalerie régulière, était chargé de surveiller la marche de l'ennemi, en s'appuyant sur la grand'route, et de le suivre par le flanc. Le maréchal lui-même avait l'intention d'attendre à Kopis les approvisionnemens qui n'avaient pu suivre une marche si rapide; après quoi, il aurait à se porter sur Starocélié et Tsetsergine, pour, de là, marcher sur Bobre ou Igoumène, selon les circonstances. « Par
» ce mouvement, écrivait-il à l'empe-
» reur, j'espère fermer le passage à l'en-

» nemi, s'il avait l'idée de tourner de Bo-
» bre, par la Bérésina, sur Igoumène. »

Les chefs des partisans avaient reçu, en outre, des ordres pour inquiéter et surveiller la marche de l'ennemi : Seslavine devait se diriger sur Krougloé, Chepélevitch et Sokol ; le comte Ojarowski et Davidoff sur la Bérésina ou, selon les circonstances, sur Igoumène.

Le maréchal Koutousoff fit part de ses dispositions à l'amiral Tchitchagoff, et, pour éviter tout malentendu, il envoya auprès de lui Orloff, aide-de-camp de l'empereur, pour lui expliquer ses ordres verbalement et l'informer en même temps de la désorganisation dans laquelle se trouvait l'armée française, désorganisation si complète qu'un témoin oculaire pouvait seul s'en faire une idée; le prince Koutousoff lui transmettait aussi des instructions sur

la manière dont il devait agir : «Si le
» comte Wittgenstein, lui écrivait-il,
» retenu par les maréchaux Victor et
» Saint-Cyr, ne pouvait vous seconder,
» en vous réunissant à Ertel et à Lie-
» ders, vous seriez assez fort pour bat-
» tre l'ennemi en fuite, pressé par moi,
» et qui est presque sans cavalerie et
» sans artillerie. Il pourrait arriver
» que Napoléon, prévoyant l'impossibi-
» lité de se frayer un chemin par Boris-
» soff à Minsk, tournât du côté de To-
» lotchine ou de Bobre par Pogoste et
» Igoumène, et voulût pénétrer en
» Volhynie; il ne serait donc pas inutile
» de faire observer ses mouvemens par
» des corps de partisans, afin de pouvoir
» en être informés assez à temps pour être
» en mesure de le prévenir.» Le maréchal
Koutousoff écrivait de plus à Tchitchagoff qu'il était indispensable d'occuper

les défilés de Zembine; il ordonnait en même temps au général Wittgenstein de se diriger sur le flanc droit de l'ennemi et de ne pas perdre de vue le mouvement de concentration de nos autres corps d'armée, et, dans le cas où Napoléon se porterait sur lui, d'occuper une forte position et même de se retirer sur la Dvina ; c'est ainsi qu'on avait prévu tous les cas pour empêcher Napoléon de se sauver : les généraux Platoff, Yermoloff et Miloradovitch devaient agir sur les derrières; le comte Wittgenstein sur l'aile gauche, Tchitchagoff sur le front et la grande armée sur le flanc gauche. Des détachemens légers avaient été envoyés d'un côté pour surveiller la basse Bérésina, et d'un autre côté, pour entretenir des communications avec le comte de Wittgenstein.

Napoléon, qui avait quitté Orcha, marchait avec rapidité et sans s'arrêter ; le 10 novembre, il se trouvait déjà dans les environs de Tolotchine, fondant tout son espoir sur la possibilité de passer la Bérésina à Borissoff ; il donna des ordres réitérés et les plus péremptoires à Dombrowski et au duc de Reggio, de tenir à Borissoff ; mais son espoir fut bientôt déçu : car en approchant de Tolotchine, un aide-de-camp du maréchal Oudinot vint lui annoncer que les Russes avaient enlevé d'assaut les fortifications de Borissoff, qu'ils s'étaient emparés du pont, avaient investi la ville, et qu'ils avaient complètement battu Dombrowski et la garnison de Minsk ; à cette nouvelle, Napoléon s'écria · « Il est donc décidé que » nous ne ferons que des sottises pen- » dant toute cette campagne ! » Les généraux qui l'entouraient ayant appris que la retraite par la Bérésina leur était coupée, en furent consternés; la captivité leur paraissait infaillible, et ils commencèrent à parler entre eux à voix basse sur la nécessité de mettre bas les armes (1).

Aussitôt après, Napoléon fit repartir l'aide-de-camp du duc de Reggio, avec ordre à ce dernier d'attaquer l'armée de Tchitchagoff, de la jeter dans la Bérésina, et de s'emparer coûte que coûte du pont de Borissoff, et s'il était impossible de le faire ou si ce pont était détruit par les Russes, de chercher un passage au-dessus ou au-dessous de Borissoff et d'y jeter deux ponts. « Nous serons » alors maîtres, disait Napoléon dans sa » dépêche à Oudinot, de nous porter sur » l'ennemi pour le chasser de la tête du

---

(1) « Il y a des chefs qui parlent tout bas de capituler. »

Fain, Manuscrit de 1812, tom. 2, page 276.

» pont de Borissoff, ou de marcher droit
» sur Minsk, soit par Zembine, si le
» pont est sur la droite, soit sur la Bé-
» résina, si le pont est sur la gauche.
» L'empereur, dans cette circonstance
» importante, compte sur votre zèle et
» votre attachement à sa personne. »

Les bords de la Bérésina n'avaient pas été préalablement explorés par l'ennemi : voilà pourquoi Napoléon fut obligé dans le commencement de ne donner que des ordres vagues à Oudinot pour la construction des ponts, en lui abandonnant le soin de choisir les endroits les plus favorables. Après le départ de l'aide-de-camp, Napoléon étendit sur sa table la carte détaillée de l'empire de Russie, connue sous le nom de *carte à cent feuilles*, que son ambassadeur à Pétersbourg lui avait encore envoyée en 1808; elle avait été traduite en français par ses ordres, gravée et distribuée à l'ouverture de la campagne à tous ses généraux. Ayant aperçu sur cette carte un passage par la Bérésina, désigné près de Vessélovo, il envoya de suite un second ordre au maréchal Oudinot, en lui enjoignant cette fois formellement d'occuper le plus tôt possible Vessélovo et d'y construire des ponts; après quoi l'empereur Napoléon fit faire tous les apprêts nécessaires pour le passage de cette rivière, et il s'y prépara comme pour une action désespérée; il fit apporter les aigles de tous les corps et les brûla (1).

Il réunit en même temps tous les cavaliers encore montés et forma un escadron de 500 hommes; il ordonna aussi de détruire un grand nombre de fourgons

(1) Ségur, Histoire de Napoléon et de la Grande-Armée, tom II, page 330.

et de voitures et d'en donner les chevaux à l'artillerie.

Après avoir couché à Tolotchine, Napoléon partit le 11 novembre pour Bobre. Il n'y avait pas de temps à perdre : l'hettmann Platoff le suivait de près et pressait son arrière-garde ; de tous côtés sur les chemins on voyait circuler des Cosaques ; sa droite était menacée par Wittgenstein, qui pouvait repousser Victor et attaquer la Grande Armée par le flanc. Cette appréhension ne se réalisa pas, parce que Wittgenstein, qui campait à Tchachniki, s'attendait lui-même à être attaqué par Napoléon. Le prince Koutcusoff lui avait écrit le 3 novembre, en l'engageant à prendre des précautions en cas d'attaque : « Afin d'éviter un combat inégal, » je vous propose d'occuper une forte » position, ou bien un défilé que Napo-

» léon sera obligé de traverser, en dé-
» truisant devant lui tout moyen de
» trajet, ce qui retardera sa marche. »
Cet ordre fut donné avant la bataille de
Krasnoë ; à cette époque l'armée française n'était pas encore désorganisée,
et il fallait agir avec beaucoup de circonspection. Quatre jours après, le 7 novembre, le prince Koutousoff, en informant Wittgenstein de la victoire remportée sur les Français à Krasnoë, lui
écrivait : « Il résulte de cela qu'une ac-
» tion concentrée de nos armées, di-
» rigée sur le reste des forces ennemies,
» peut seule exposer Napoléon à de nou-
» veaux revers, et même à l'anéantisse-
» ment total de ses forces ; c'est à cause
» de cela que j'ai fait faire à nos armées
» les manœuvres suivantes : » Ici, le
maréchal, après avoir exposé ses projets
sur la manière de poursuivre et de pré-

venir Napoléon, s'il tournait à gauche ou à droite, continue ainsi : « D'après
» cela, il vous sera facile d'apercevoir
» que vous pourrez agir avantageuse-
» ment sur le flanc droit de l'ennemi;
» vos mouvemens seront appuyés par le
» comte Platoff et le général aide-de-
» camp Koutousoff, qui ont reçu à
» cet égard les instructions nécessaires.
» Je vois, d'après votre rapport, que
» Victor s'est séparé de St.-Cyr, et j'en
» tire la conséquence que, profitant de
» cette séparation, vous avez complète-
» ment battu ce dernier; si cependant,
» contrairement à mes prévisions, et
» par des circonstances indépendantes
» de votre volonté, vous n'aviez pas
» réussi à le faire, et que St.-Cyr fût
» parvenu à se réunir aux débris de
» la Grande Armée, et dans le cas où
» celle-ci vous menacerait d'une atta-

» que, votre corps pourrait alors, sans le
» moindre doute, trouver une position
» où vous seriez à l'abri du danger dans
» les environs de Kamaï et d'Ouchatch ;
» vous pourriez même temporairement
» repasser la Dvina. »

Le résumé de ces deux ordres peut s'expliquer de la manière suivante : « Si » Napoléon marche sur vous, inquiétez » ses mouvemens ; vous pourrez même » repasser le Boug ; si les troupes de » St.-Cyr se séparent de celles de Victor, » battez-les. » Cependant l'incertitude où il se trouvait sur les projets de Napoléon, qui, comme nous l'avons dit plus haut, balançait sur la route qu'il devait prendre pour opérer sa retraite, entre Lepel et Borissoff, le comte de Wittgenstein trouvait qu'il n'était pas encore temps de tomber sur le maréchal Victor. Dans la soirée du 9, Oudinot se porta sur Bobre, et Victor quitta Tchereia; le comte Wittgenstein l'ayant appris, ordonna à deux avant-gardes, l'une sous les ordres de Vlastoff et l'autre sous ceux de Harpé, de marcher sur les traces de Victor; le reste du corps suivait les avant-gardes, mais lentement, afin de ne pas trop s'éloigner d'Oula, et d'être en mesure d'entraver la retraite de Napoléon sur Lepel. Le 10 novembre, lorsque Napoléon était à Tolotchine, le général Vlastoff atteignit Kholopénitchi, et le général Harpé s'arrêta en face de Batour; le corps principal était près de Loukoml. Le soir suivant, 11 novembre, pendant la marche de Napoléon de Tolotchine à Bobre, Wittgenstein s'avança de Loukoml à Tchéreia de 12 verstes seulement, et les avant-gardes qui suivaient Victor, lequel continuait par ses manœuvres à couvrir la route d'Orcha à Borissoff, attaquèrent l'arrière-garde des Français près de Volkovisk; ce bourg se trouve à une distance de 7 verstes de la grande route; Victor devait donc s'y maintenir jusqu'à la dernière extrémité, afin de faciliter la marche de la grande armée qui suivait cette direction. Napoléon et son armée entendaient distinctement la canonnade de l'attaque de Vlastoff et de Harpé; les siens accélérèrent leur marche : ils couraient presque, craignant de voir à chaque instant l'apparition des Russes sur leur flanc gauche; Victor à son tour attaqua la tête de l'avant-garde de Vlastoff, qui s'était emparé de Volkovisk, et le rejeta sur Ouznatzk; mais un renfort qui arriva ici donna à notre détachement le moyen de se défendre, et il s'en suivit une affaire assez chaude : la cavalerie russe culbuta les tirailleurs français, leur cavalerie, enfonça un carré d'infanterie et fit 1,500 prisonniers. Vers le soir, Vlastoff s'établit de nouveau à Kolopénitchi qu'il avait quitté la veille ; le comte de Wittgenstein perdait ainsi son temps en escarmouches d'avant-garde, tandis que Napoléon marchait sur Bobre.

A la date du 10 novembre, les troupes expédiées à la poursuite de Napoléon se trouvaient : 1° L'hettmann Platoff près de Tolotchine, inquiétant l'arrière-garde française ; 2° Yermoloff pénétra dans Pagoste, ayant été devancé de deux marches par le comte Platoff, à cause de la difficulté qu'il éprouva à établir un pont sur le Dniéper qui charriait beaucoup de glaces, ce qui le retarda de deux jours ; 3° Miloradovitch traversa la rivière à Kopis, ce qu'il ne put faire plus tôt faute de pont.

Napoléon rencontra à Bobre quelques régimens de la division de Victor ; l'air martial de ces troupes produisit un effet extraordinaire au milieu de la grande armée, qui, pendant environ un mois, n'avait pas vu de troupes d'une tenue un peu supportable ; mais cette rencontre surprit encore davantage les soldats de Victor : ils ne pouvaient croire que des masses d'hommes sans armes, qu'une cavalerie démontée avec un reste d'artillerie de nulle valeur, des hommes barbus exténués de fatigue, couverts de haillons et de chiffons, les pieds enveloppés de sacs et de paille, composassent cette grande armée qui avait conquis Moscou, et que les bulletins annonçaient comme constamment victorieuse (1).

(1) Elle ignorait nos désastres ; on les avait cachés soigneusement même à ses chefs. Aussi, quand, au lieu de cette grande colonne conquérante de Mos-

Les témoins oculaires assurent que ce qui frappait le plus les soldats du corps de Victor, c'était de voir une quantité de généraux qui avaient perdu leurs corps, et qui vêtus de la manière la plùs bizarre, marchaient pêle-mêle avec la foule des soldats désarmés.

Bientôt l'exemple du désordre et de l'insubordination gagna une partie du corps de Victor : ses soldats aussi com-

cou, elle n'aperçut derrière Napoléon qu'une traînée de spectres couverts de lambeaux, de pelisses de femmes, de morceaux de tapis, ou de sales manteaux roussis et troués par le feu, et dont les pieds étaient enveloppés de haillons de toute espèce, elle demeura consternée. Elle regardait avec effroi défiler ces malheureux soldats décharnés, le visage terreux et hérissé d'une barbe hideuse, sans armes, sans honte, marchant confusément, la tête basse, les yeux fixés vers la terre et en silence, comme un troupeau de captifs

(Ségur, *Histoire de Napoléon et de la Grande-Armée*, tom. II, liv. XI, chap. III.)

mençaient à jeter leurs armes. Mais Napoléon avait autre chose à faire que de s'occuper du rétablissement de la discipline; lui et ses généraux ne pensaient qu'aux moyens de franchir la Bérésina; ils attendaient avec la plus vive impatience des nouvelles du maréchal Oudinot; de l'exécution des ordres qui lui avaient été donnés dépendait leur salut.

Par une nuit froide de novembre, au milieu d'une épaisse forêt, d'une nature âpre et triste, l'armée ennemie se réunissait autour de Bobre pour son campement de nuit. Il n'y avait plus de dispositions régulières pour asseoir un camp, point de piquets ni de distributions de vivres; chacun se jetait sur la terre gelée, là où il voulait, se nourrissait de ce qu'il pouvait, il n'y avait personne pour faire les patrouilles:

seulement au quartier-général de l'empereur Napoléon le service se faisait assez régulièrement par sa garde. Pendant qu'une nuit obscure et orageuse s'était amoncelée sur ces masses souffrantes, un rapport d'Oudinot arriva avec la nouvelle que l'avant-garde de Ttchitchagoff avait été complètement battue et que Borissoff était tombé au pouvoir des Français. C'est ainsi qu'après avoir été long-temps déshabitué de la victoire, Napoléon reçut la nouvelle d'un succès qui, cette fois-ci, devait lui être d'autant plus agréable, qu'il pouvait le considérer comme le premier pas vers son salut.

Voici les causes qui ont déterminé la victoire remportée sur l'avant-garde de l'armée du Danube : Le 8 novembre, après la prise de Borissoff, Tchitchagoff y établit son quartier-général et y introduisit tous les bagages, tant ceux de l'armée que des particuliers ; l'armée campa derrière la tête de pont, l'avant-garde prit position à une verste de la porte de la ville, sur les bords de la Ska ; les Cosaques se placèrent plus à la gauche, du côté du vieux Borissoff; les détachemens qui formaient les deux flancs allèrent à Zembine et Schabachevitchi.

Le 9 et le 10, personne n'était encore nommé en remplacement du général Lambert, grièvement blessé, ce qui suspendit les mouvemens de service pendant deux jours de suite; les patrouilles ne fonctionnaient pas, personne ne fut envoyé à la poursuite de Dombrowski, expulsé de Borissoff; aucune mesure ne fut prise pour avoir des nouvelles de l'ennemi, quoique l'on eût s'attendre à l'arrivée de Napoléon sur la Bérésina. Le 10, dans la soirée, le général-major comte de Pahlen reçut l'ordre de prendre le commandement de l'avant-garde, qui était composée de quatre régimens de chasseurs à pied, de trois régimens de cavalerie régulière, de cinq régimens de cosaques et de trois compagnies d'artillerie ; il devait se mettre en marche à quatre heures du matin et se diriger sur Lochnitza, sur le chemin de Bobre. L'amiral Tchitchagoff se proposait de l'y suivre, avec toute son armée ; « J'avais l'intention de me porter sur Bobre, par la grande route, écrivait-il le 15 novembre au prince Koutousoff, afin d'empêcher par l'occupation de cette position, non seulement les forces principales de l'ennemi d'avancer, mais encore d'obliger le corps de Victor de rétrograder ; de cette manière, la jonction du comte de

Wittgenstein avec l'armée qui m'est confiée pouvait se faire sans obstacle. »

L'avant-garde s'ébranla à l'heure indiquée et marcha sur Lochnitza, mais l'armée ne bougea pas et resta à Borissoff. 3000 cavaliers furent envoyés pour fourrager sur la rive gauche de la Bérésina. Ceci avait lieu le même jour où Oudinot marchait avec le projet de s'emparer de Borissoff à tout prix; entre Bobre et Lochnitza, il rallia les débris des troupes de Dombrowski et Bronikowski, dispersés par Lambert. Les quartier-maîtres de notre avant-garde aperçurent, près de Lochnitza, les avant-postes de l'ennemi, et ayant enlevé deux hommes, ils apprirent par eux que toute l'armée française ne se trouvait qu'à deux marches de cet endroit, et qu'elle était précédée par le corps du maréchal Oudinot. Le comte de Pahlen expédia les prisonniers au quartier-général et demanda du renfort. En attendant, les cosaques commencèrent à tirailler avec l'ennemi les chasseurs vinrent les soutenir; les avant-postes et l'avant-garde se rangèrent derrière le pont et la digue. Les Français ne tardèrent pas à arriver, avec des forces considérables; mais le feu de deux pièces de canon dirigées sur eux les arrêta quelque temps. Les momens devenaient précieux pour l'ennemi; aussi le maréchal Oudinot rangea-t-il ses troupes en toute hâte; il fit avancer son artillerie et ouvrit un feu très-vif, qui lui permit de traverser promptement le pont et la digue, après quoi il se précipita avec rapidité sur les troupes avancées de l'avant-garde, les culbuta et les mit en fuite; ils se tournèrent du côté de la cavalerie et de l'artillerie qui se trouvaient derrière eux dans un bois qu'elles traversaient en longs échelons ; un escadron de hussards essaya de faire une charge, quelques-uns d'entre eux passèrent à travers la cavalerie française des avant-postes ; mais cette poignée de braves succomba devant le nombre ; toute la cavalerie française s'avançait déjà au trot, en colonnes, soutenues par tout le corps d'Oudinot ; une partie de l'infanterie de notre avant-garde se jeta dans les bois ; la cavalerie et l'artillerie partirent par la grande route, retournant à Borissoff ; lorsqu'on y reçut la nouvelle de cette déroute, la confusion fut grande, comme il arrive toujours dans pareilles circonstances ; on sellait les chevaux à la hâte, on attelait les fourgons, on faisait partir les bagages, tout le monde se pressait de passer le pont ; le général en chef le traversa lui-même et ordonna au général-major prince Scherbatoff de marcher avec les troupes qui se trouvaient dans la ville à la rencontre de l'ennemi.

La limite de Borissoff est composée d'une petite rivière marécageuse sur laquelle se trouvait une digue. Le prince Scherbatoff, pour la défendre, y fit construire une batterie, mais les troupes de l'avant-garde qui revenaient de Lochnitza, ayant manqué la digue, prirent à gauche et traversèrent la rivière à gué; c'est ainsi qu'ils indiquèrent le chemin à l'ennemi qui les suivait à la piste; le prince Scherbatoff, menacé d'être tourné, et voyant l'impossibilité de tenir à la barrière, se retira derrière la ville, sur la rive droite de la Bérésina; mais la retraite n'était pas facile à opérer à cause de l'encombre-

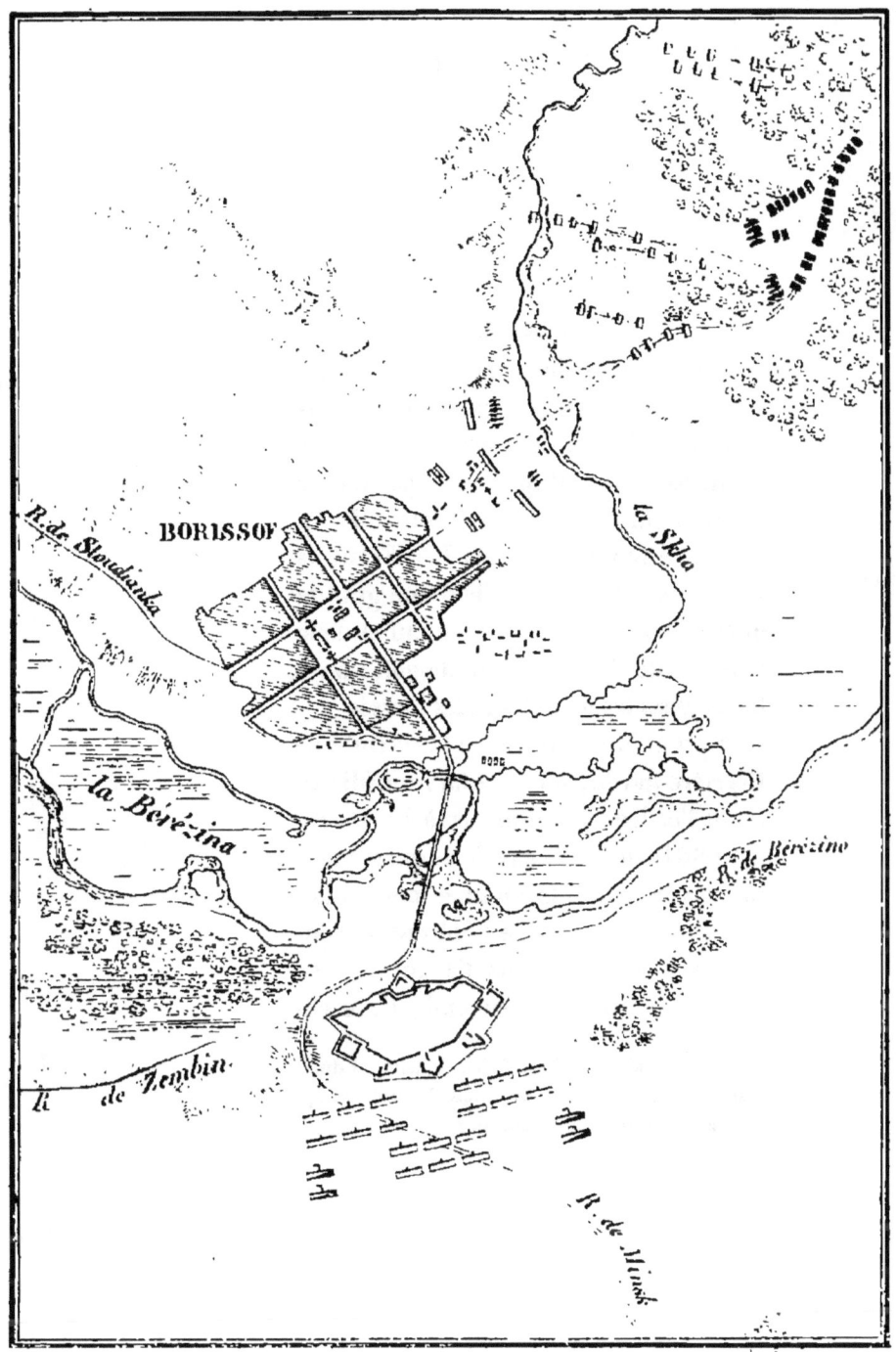

ment; le pont long et étroit, était couvert de canons, de caissons, de voitures traînées par des bœufs; cependant en arrêtant autant qu'il était possible le mouvement de l'ennemi à Borissoff, on parvint à brûler ce pont. Les Français s'emparèrent dans la ville d'une grande quantité de bagages, du bureau et de la vaisselle de l'amiral Tchitchagoff; on y laissa aussi les malades et les blessés (1). A la première nouvelle de la retraite de l'arrière-garde, on expédia immédiatement l'ordre de retourner à Borissoff, à 3,000 hommes de cavalerie qui avaient été envoyés dans la matinée pour fourrager; les cavaliers se hâtèrent de rentrer à Borissoff, mais l'ayant trouvé déjà au pouvoir de l'ennemi, ils se re-

---

(1) L'amiral Tchitchagoff était à table et dînait tranquillement, lorsque les coups de fusil lui apprirent l'approche des Français.

tirèrent sur le vieux Borissoff; ici se rallièrent à eux les régimens des chasseurs de l'avant-garde, qui dès le commencement de la confusion s'étaient jetés dans les bois; ces troupes, qui se trouvaient ainsi coupées du reste de l'armée, se dirigèrent vers le haut de la Bérésina, perdant l'espoir de pouvoir passer la rivière; quelques chefs de régiment voulaient déjà retourner sur Lepel, afin de se réunir à l'armée de Wittgenstein, lorsqu'ils rencontrèrent un juif qui leur indiqua le gué; ils repassèrent alors la rivière non sans peine, et ayant atteint la rive droite, joignirent l'armée. L'amiral Tchitchagoff, en annonçant à l'empereur Alexandre la défaite de son avant-garde, s'exprimait ainsi dans les conclusions de son rapport : « Et ces troupes étaient les mêmes qui quelques jours avant avaient battu

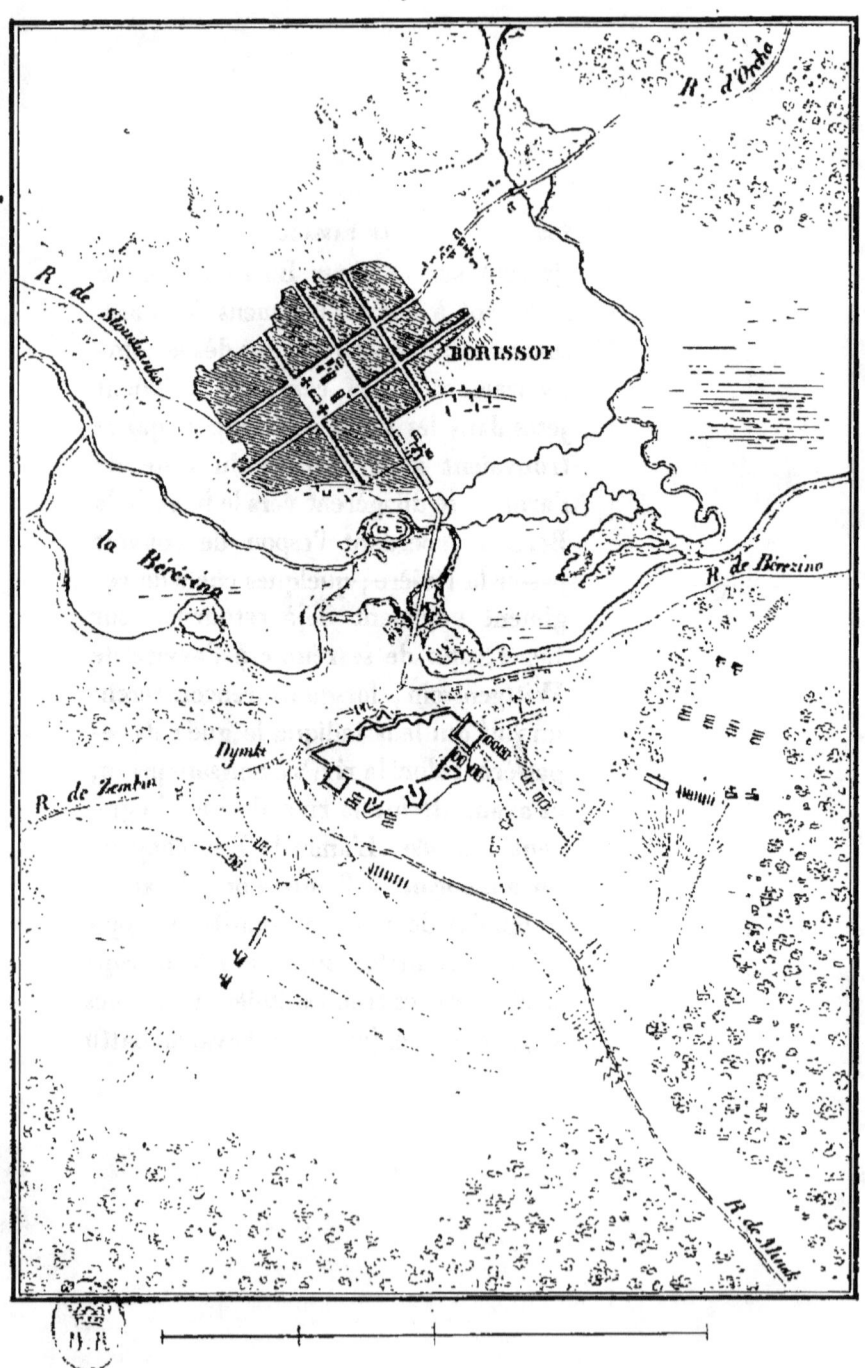
Plan de l'attaque de BORISSOF

» complètement Kossecki, Bronikowski
» et Dombrowski, et qui avaient pris
» d'assaut Borissoff! ».

Le maréchal Oudinot, aussitôt qu'il eut occupé Borissoff, fit partir des détachemens vers le haut et le bas de la Bérésina, à la recherche d'endroits favorables à la construction des ponts; Napoléon lui envoya à cet effet des généraux d'artillerie et du génie, tous les sapeurs et les pionniers qu'on avait pu rassembler à l'armée les suivirent à marches forcées. Voulant rendre le passage moins difficile et conserver l'artillerie et les équipages de guerre, Napoléon rendit un ordre sévère, qui enjoignait de brûler immédiatement tous les bagages particuliers; il défendit à tout le monde, excepté aux généraux, d'avoir des équipages; ordonna que tous les chevaux appartenant aux voitures brûlées seraient donnés à l'artillerie ; enfin, il permit de s'emparer de force de tous les chevaux sans distinction, même de ceux qui appartenaient à sa maison, s'il en manquait pour le service de l'artillerie ; on fit de nouveau réunir tous les officiers qui avaient conservé leurs chevaux et on en forma deux escadrons ; malgré cela, les ordres de Napoléon relativement à la destruction des bagages particuliers ne furent pas ponctuellement exécutés ; les militaires et les employés prodiguaient l'or et engageaient les gendarmes à ne pas détruire le seul moyen qui leur restât de conserver leurs effets et de sortir de Russie.

Le 12 novembre, Napoléon quitta Bobre pour se diriger sur Borissoff ; il ordonna de répandre le bruit, que les Russes cesseraient de poursuivre l'armée dès qu'on aurait passé la Bérésina ;

qu'au-delà se trouvaient des approvisionnemens abondans, et que bientôt on allait se réunir au corps de Schwartzenberg et de Régnier.

Toutes ces illusions qui amusaient l'esprit trop crédule du soldat, reçurent plus de crédit d'une circonstance favorable, circonstance qui, dans toute autre occasion, leur aurait été funeste ; dans la nuit, le froid se fit sentir, la gelée couvrait la terre et donna l'espoir à l'ennemi que les marais qui entouraient la Bérésina seraient aussi pris par la glace, et en faciliteraient l'approche. Le nom de la Bérésina, comme naguère celui de Moscou, et avant celui de Smolensk, volait de bouche en bouche ; ceux des Français qui avaient encore conservé leur énergie, exhortaient leurs camarades à réunir leurs dernières forces, afin d'atteindre le rivage.

Napoléon coucha à Lochnitza et le 13 il continua sa marche sur Borissoff ; ne prévoyant pas la possibilité d'effectuer le passage sans répandre de sang, il voulut jeter lui-même un coup-d'œil sur sa garde et ses troupes de ligne pour s'assurer combien il lui restait d'hommes capables de combattre ; il ne pouvait ajouter foi aux rapports des chefs ; d'ailleurs le nombre des combattans désignés sur les rapports diminuait à chaque instant, par la raison que les officiers et les soldats tombaient continuellement sur les chemins, épuisés de fatigue, jetaient les armes et se dispersaient de tous côtés. Au milieu d'une marche, il descendit de cheval, se plaça sur la lisière de la route, et contempla cette foule qui courait sur le verglas : sans doute l'imagination italienne et ardente de Napoléon n'aurait pu concevoir rien de semblable à ce qu'il vit sur les champs neigeux de notre patrie ! A peine avait-il achevé cette revue bizarre qu'il reçut du maréchal Oudinot l'agréable nouvelle que l'on venait de trouver un point de passage sur la Bérézina ; il partit sur le champ pour Borissoff et y arriva le soir.

C'est par le plus grand des hasards qu'Oudinot parvint à exécuter les ordres de Napoléon. On sait que Wredde, ayant quitté avec ses Bavarois le maréchal Saint-Cyr, se dirigea sur Dokchitzi, accompagné de la brigade de cavalerie du général Corbineau; plusieurs fois, mais vainement, Oudinot et Victor avaient demandé cette brigade au général Wredde; il finit cependant par la renvoyer à Victor. De Dokchnitzi, Corbineau marchait sur Borissoff; mais ayant appris que l'armée du

Danube s'y trouvait, il ordonna qu'on le conduisît sur un autre point de passage ; le guide alors lui indiqua le gué près de Studianki ; le général Corbineau ayant traversé la rivière, rencontra des officiers du corps d'Oudinot qui cherchaient des endroits favorables pour la construction des ponts ; le trajet de la brigade Corbineau les convainquit qu'ils ne trouveraient pas d'endroit plus avantageux pour le passage de l'armée. Oudinot envoya de suite du monde à Studianki, pour y construire un pont ; mais voulant tromper la vigilance de Tchitchagoff, il ordonna à un autre détachement de se rendre le long de la Bérésina, à Oukholod, d'y préparer du bois et d'y travailler de manière à faire croire que c'était là que l'on voulait passer le fleuve. Le maréchal Oudinot se porta avec tout son corps à la suite du détachement envoyé à Studianki; il réunit à Borissoff plusieurs juifs et les interrogea sur les chemins qui conduisaient à Minsk et sur les villages qui y étaient situés. Faisant semblant d'être satisfait des renseignemens recueillis auprès des juifs, il garda quelques-uns d'entre eux pour lui servir de guides, renvoya les autres et leur fit promettre sous serment qu'ils viendraient à sa rencontre, lorsqu'il aurait passé la Bérézina et qu'ils lui désigneraient les chemins conduisant à Minsk ; Oudinot était convaincu que les juifs n'observeraient pas le serment et qu'ils en informeraient les Russes. Ce qui arriva comme il l'avait prévu.

Le 13 novembre, l'ennemi occupait les positions suivantes : Napoléon était à Borissoff avec sa garde, les troupes de Junot et de Ney ; le corps de ce dernier ayant été entièrement exterminé à Krasnoë, il fut mis à la tête de la division polonaise de Poniatowsky et du détachement de Dombrowsky; le vice-roi d'Italie et le maréchal Davoust marchaient sur Borissoff, entre Lochnitza et Natchey, pour empêcher les mouvemens du comte de Wittgenstein; Victor campait à Batoulitchi; dans la soirée du 18, fort tard, Napoléon alla coucher à Stary-Borissoff (vieux Borissoff) : il avait l'intention de partir le lendemain pour Studianki, où était fixé le point de réunion de toutes les troupes, au fur et à mesure qu'elles arrivaient à Borissoff. Les soldats avaient reçu l'ordre de garder le plus profond silence dans leur marche sur Studianki ; on craignait que les Russes qui étaient campés sur l'autre rive, en entendant du bruit, ne devinassent le mouvement de l'armée

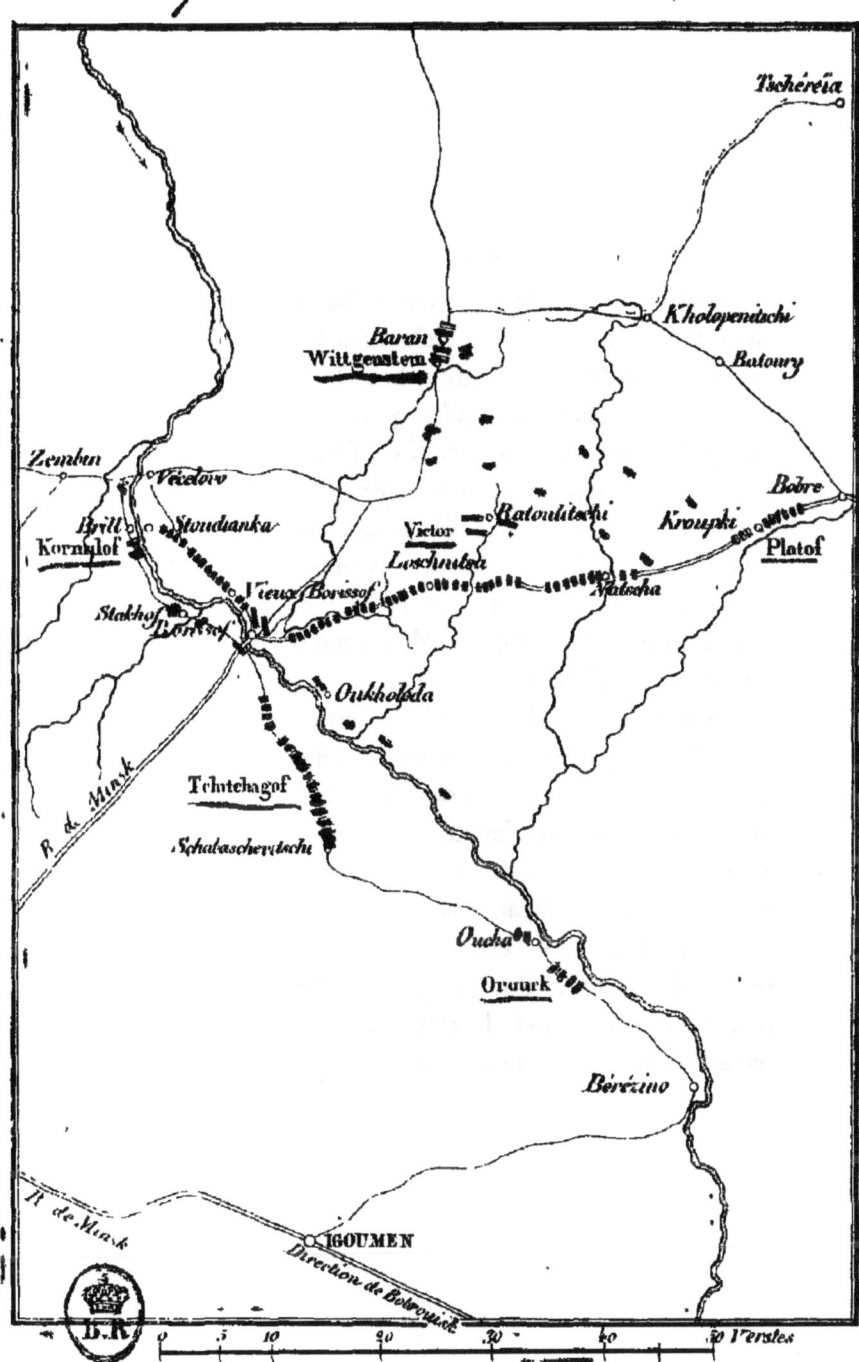
Opérations des 12 et 13 Novembre

française le long de la rivière. Napoléon renforça aussi les détachemens envoyés à Oukholode et sur le bas de la Bérésina, et ordonna qu'on y simulât des préparatifs de passage. Il ne ferma pas l'œil pendant toute la nuit qu'il passa au vieux Borissoff : il sortait souvent, observait les feux de nos bivouacs, et ordonna que l'on écoutât attentivement s'il ne se faisait pas quelques mouvemens dans l'armée des Russes.

De son côté, Tchitchagoff qui voyait toute la rive gauche de la Bérésina, depuis Oukholode jusqu'à Vessélovo, étincelant des feux de l'armée française, pouvait difficilement deviner quel serait le point que choisirait Napoléon pour traverser la rivière; était-ce au-dessus ou au-dessous de Borissoff, et quelle direction prendrai-t-il après l'avoir passée? marchera-t-il sur Wilna ou sur

Minsk? En cas semblables, on réunit les troupes sur un point central, à égale distance des endroits où l'on suppose que l'ennemi pourrait opérer le passage, et au premier signal on se porte sur lui, ou, si l'on ne réussit pas à le repousser, on tombe avec toutes les forces réunies sur la partie des troupes ennemies qui aurait effectué le passage.

C'est ainsi que paraissait vouloir agir Tchitchagoff; le lendemain du jour où, après la défaite de son avant-garde, il fut obligé de regagner la rive droite de la Bérésina (c'est-à-dire le 12 novembre), il resta toute la journée devant Borissoff, occupant ses fortifications qui formaient le point central des endroits où l'on pouvait traverser la Bérésina; il envoya des détachemens sur tout le littoral qui s'étend de Zembine à Orcha, pour y détruire les radeaux et tous les matériaux qui pouvaient servir à la construction des ponts. Il envoya à gauche le général Tchaplitz et à droite le comte Orourk, qui avait l'ordre de pousser même jusqu'au bourg de la Bérésina. Il devait persister dans son plan et se maintenir dans cette position, surveiller tout avec vigilance ; et en attendant que des renseignemens ultérieurs lui fussent parvenus sur les mouvemens de Napoléon, s'occuper de la destruction des digues et des chaussées que l'ennemi devait rencontrer après le passage, et surtout près de Zembine ; mais il fit tout le contraire. Le 13 novembre, à la pointe du jour, Tchitchagoff, après avoir laissé en face de Borissoff une partie de ses troupes sous les ordres du comte de Langeron, marcha dans la direction de Chabachévitchi ; les raisons qui le portèrent à effectuer ce mouvement se trouvent consignées dans son rapport à l'empereur ; en voici la teneur :

« J'avais eu l'ennemi en vue pendant
» trois jours ; il voulait me tromper par
» ses manœuvres, tandis que, n'ayant
» aucune nouvelle de nos armées, je
» supposais qu'elles le poursuivaient l'é-
» pée dans les reins. D'après le calcul des
» distances et des marches, les Français
» auraient dû atteindre Borissoff bien
» plus tôt qu'ils n'y sont réellement arri-
» vés : Borissoff a-t-il été occupé par tou-
» tes leurs forces? Napoléon s'y trouvait-
» il, ou bien n'étaient-ce que de fausses
» manœuvres faites par un petit corps
» pour nous retenir devant Borissoff ?
» Voilà ce que je n'ai pas pu savoir. Je me
» trouvais dans cette position difficile,
» lorsque je reçus du prince Koutousoff
» l'ordre de prendre des mesures de pré-

» caution dans l'hypothèse où Napoléon se
» dirigerait vers le bas de la Bérésina sur
» Bobrouïsk, pour se tourner, après l'a-
» voir passée, du côté d'Igoumène et de
» Minsk ; le comte Wittgenstein, de son
» côté, m'informait aussi que l'armée en-
» nemie était partagée en différentes co-
» lonnes, que les unes se dirigeaient sur Bo-
» rissoff et les autres sur Bobrouïsk, mais
» tout le monde ignorait où se trouvait
» Napoléon en personne, et il pouvait ap-
» paraître là où on l'attendait le moins.
» Pour compliquer mes incertitudes, on
» m'apporta un rapport qui m'annonçait
» que les Autrichiens et les Saxons étaient
» revenus à Slonime et qu'on avait déjà
» aperçu leurs patrouilles aux environs
» de Pinsk. Telles sont les circonstances
» qui m'ont induit en erreur. J'ai pensé
» que le prince Schwartzenberg marchait
» sur Slonime, dans le but de nous rete-

» nir, et ce mouvement des Autri-
» chiens me fit craindre une tentative de
» Napoléon sur le bas de la rivière.
» Je jugeais alors que je pourrais,
» sans perdre de vue les passages de la
» Bérésina à l'aile gauche de mon ar-
» mée, partager mes forces du centre en
» deux parties, et en diriger une à droite;
» et je marchai en conséquence sur
» Chabachévitchi ; j'avoue que d'après
» tous mes calculs et toutes mes conjec-
» tures, il me paraissait vraisemblable
» que l'intention de Napoléon était de pas-
» ser la rivière au-dessous de Borissoff.
» A peine arrivé à Chabachévitchi, j'ap-
» pris que l'ennemi construisait un pont
» à Oukholode; cette circonstance aurait
» contribué à me confirmer dans mon
» opinion, si bientôt l'on ne m'eût averti
» qu'il avait abandonné les travaux
» de construction à Oukholode. »

En marchant sur Chabachévitchi, Tchitchagoff ordonna à Tchaplitz de se porter de Bril et de Zembine sur Borissoff; une partie seulement de son détachement, sous les ordres du général Korniloff, fut laissée entre Stakhoff et Zembine pour observer l'ennemi. Il résulte de cela que le même jour, 13 novembre, Tchitchagoff et Napoléon se séparaient et prenaient chacun une direction inverse. Le premier arriva le soir à Chabachévitchi; le second marchait dans les ténèbres sur Stary-Borissoff, et avait l'intention de continuer de grand matin sa marche sur Stoudianky, ignorant encore le mouvement si avantageux pour lui que venait de faire l'armée du Danube, car il voyait sur la rive droite de la Bérésina les feux de bivouac du détachement de Korniloff et de ses patrouilles ; ces feux qui se faisaient voir sur un espace de 10 verstes, et qui brillaient avec une clarté extraordinaire par une sombre nuit de novembre, firent supposer à l'ennemi que toute l'armée du Danube lui faisait face et que le passage devenait impossible. Quelques Polonais, qui se trouvaient près de Napoléon, lui proposèrent de le conduire sur l'autre rive de la Bérésina au-dessus de Stoudianky, s'engageant à le transporter sans danger dans cinq jours à Vilna : Napoléon n'accepta pas leur proposition. Lors du mouvement de Napoléon de Bobre à la Bérésina, le 12 novembre, le général Wittgenstein était à Tchéreya; il fit attaquer Batoury, seulement par son avantgarde, et lorsqu'il en eut expulsé le maréchal Victor, il marcha de Tchéreya à Kholopévitchi ; c'est là qu'il reçut des nouvelles de Tchitchagoff, qui l'informait de la position de l'armée du Danube faisant face à Borissoff; il l'engageait à appuyer fortement sur les derrières de l'armée française, et promettait de jeter sur la Bérésina, près de Borissoff, un pont volant, afin de faciliter ainsi la communication avec le comte de Wittgenstein. A cette nouvelle, le général Wittgenstein résolut de marcher sur Borissoff par Baran.

Le 13 novembre, lorsque Napoléon s'était mis en marche pour Stoudianky, et l'amiral Tchitchagoff par Kholopévitchi, le comte de Wittgenstein arriva de Kholopévitchi à Baran, dans le double but d'intercepter à l'ennemi le chemin de Lepel et de se mettre en mesure d'agir sur la grande route de Borissoff à Vessélovo, où il envoya un détachement pour assurer ses communications avec l'armée du Danube, qui se trouvait sur la rive droite de la Bérésina. Il fut obligé de s'arrêter vingt-quatre heures à Baranoff, d'abord parce qu'il y attendait des rapports de son détachement, et ensuite parce qu'il reçut la nouvelle de la défaite de l'avant-garde de Tchitchagoff. L'exposition des manœuvres du général Wittgenstein explique les raisons pour lesquelles il n'attaqua pas Napoléon lors de sa marche de Bobre à la Bérésina; l'arrière-garde française était continuellement exposée aux attaques du comte Platoff, les troupes du hetmann suivaient la grande route d'Orcha, et se répandaient sur les deux côtés de ce chemin, en poursuivant sans relâche les Français, qui se sauvaient avec une rapidité extraordinaire. Les Cosaques faisaient une foule de prisonniers. « Les prisonniers, écrivait-il

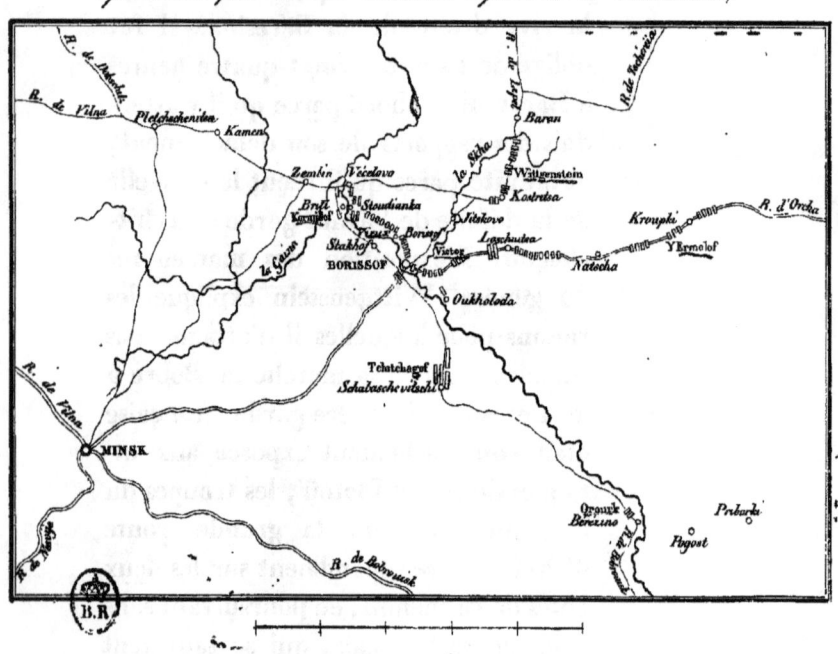

Opérations près de la BÉRÉZINA depuis le 14 Novembre

» dans son rapport, nous mettent dans
» un grand embarras ; il m'est impos-
» sible d'en faire le dénombrement,
» à cause de la rapidité de ma marche.
» L'armée française n'ayant pas d'ap-
» provisionnemens, se débande souvent
» pour s'en procurer ; il est arrivé ces
» jours-ci que nous avons couché dans
» le même village avec l'ennemi, les
» uns à côté des autres. Depuis Orcha,
» nous avons déjà fait plus de 5,000 pri-
» sonniers, parmi lesquels beaucoup
» d'officiers et le général Dzewa-
» nowski. »

Le prince Koutousoff lui-même resta à Kopis jusqu'au 14 novembre, attendant des approvisionnemens, et voulant donner quelque repos à son armée, qui s'était portée, sans s'arrêter, de Taroutino jusque sur le Dniéper ; de son côté, le général Miloradovitch, à la tête d'un

détachement qui formait le tiers de l'armée, déployait toute son activité pour atteindre Napoléon; le 12 novembre, il était à Starocélié et le 13 à Kroupki sur la grande route d'Orcha ; son avant-garde, sous les ordres de Yermoloff, forçant ses marches, arrivait immédiatement après Platoff, et aussi vite que cela pouvait se faire au milieu des incendies, des ponts écroulés ; les soldats étaient souvent obligés de traverser des poutres encore brûlantes ou bien de passer des rivières à gué. « Vous
» seriez étonné de voir, écrivait Yermo-
» loff à Miloradovitch, jusqu'à quel
» point les passages des rivières sont
» détruits, et si j'ai pu les traverser,
» ce n'est que parce que mes soldats
» désiraient ardemment atteindre l'en-
» nemi. »

Cependant il était impossible de le

joindre : il avait gagné les devans, et nous précédant de plusieurs marches, il continuait de fuir avec une précipitation extraordinaire; des tourbillons de neige effaçaient la trace de leurs pas ; seulement les flammes et les éclats des caissons et des fourgons que l'on faisait sauter, les monceaux de cadavres humains et les amas de chevaux morts, indiquaient le chemin à l'avant-garde. Les canons, les chariots étaient abandonnés, et dans certains endroits en si grand nombre, qu'ils empêchaient les troupes d'avancer. Les villages, les habitations et les cabarets étaient réduits en monceaux de cendres fumantes; on ne voyait que des tuyaux de cheminée noircis par la fumée; les armes, les cuirasses, les casques, les havre-sacs étaient dispersés de tous côtés, et les hommes, exténués de fatigue gisaient couchés autour des feux. Les Cosaques trouvaient encore des moyens de subsistance ; mais l'infanterie de Yermoloff, qui les suivait, souffrait les plus grandes privations. Depuis le soldat jusqu'au général tout le monde manquait de vivres; il n'y avait plus de biscuits ni d'eau-de-vie; les bagages étaient restés en arrière, car on les écartait ordinairement : quand on traversait des rivières, ils étaient obligés de faire place à l'artillerie; il arrivait que lorsqu'on faisait des haltes et que quelqu'un trouvait des pommes-de-terre, tout le monde se jetait dessus; on les déterrait, et souvent on les mangeait toutes crues. Bientôt cette chétive ressource manqua même ; quelques grains de seigle ou d'avoine, détrempés dans de la neige fondue, servaient de nourriture. Les artilleurs étaient plus heureux, car ils avaient conservé quelques vivres dans leurs caissons; on ne donnait aux chevaux-que de la paille hachée.

CHAPITRE III.

PASSAGE DE LA BÉRÉSINA PAR NAPOLÉON.

Arrivée de Napoléon à Stoudianky ; il y établit des ponts. — Opérations de Korniloff. — L'ennemi passe sur des radeaux et attaque les Russes. — Tchitchagoff acquiert la certitude du véritable point où l'ennemi doit traverser la rivière. — Opération des forces russes au 14 novembre. — Disposition des deux armées au 15 novembre. — L'armée russe reste inactive près de Bril. — Napoléon passe la Bérésina. — Affaire avec Partouneaux. — Occupation de Borissoff. — Préparatifs d'une attaque générale sur les deux rives de la Bérésina. — Combat de Bril. — Bataille de Stoudianky. — L'arrière-garde française traverse la rivière. — Destruction des ponts sur la Bérésina. — Position désastreuse de l'ennemi. — Il poursuit sa retraite. — Réflexions sur le passage de la Bérésina.

Le 14 novembre, avant le jour, Napoléon arriva à Stoudianky, point sur lequel se dirigeaient, pendant cette nuit, de Lochnitza par Borissoff, toutes les forces de l'ennemi, à l'exception du corps de Victor, qui formait l'arrière-garde et couvrait Lochnitza. Napoléon avait alors sous les armes de 60 à 70,000 hommes, y compris les corps de Victor, d'Oudinot, et le détachement de Dombrowski, ainsi que quelques troupes isolées qui s'étaient réunies à la grande-armée entre le Dniéper et la Bérésina ; cette évaluation est fondée sur les données fournies par les prisonniers; les écrivains français soutiennent qu'il y en avait moins. Le baron Fain, secrétaire de Napoléon, dans son *Manuscrit*, n'a porté ce nombre qu'à 40,000 hommes; le général Gourgaud son aide-de-camp, l'évalue à 45,000 hommes. Quant aux soldats désarmés qui se traînaient derrière l'armée et un grand nombre d'hommes employés hors des rangs et qui n'entraient pas dans l'effectif de l'armée, personne ne les a comptés ; on pense que leur nombre pouvait égaler celui des soldats présens sous les armes; mais ce n'est qu'une conjecture.

Napoléon pouvait voir, sur le chemin de Stary-Borissoff à Stoudianky, les feux de nos bivouacs qui brillaient sur la rive droite de la Bérésina ; à la pointe du jour, il y aperçut nos avant-postes composés de Cosaques et de chasseurs, et ne put plus douter de la présence de l'armée du Danube ; il donna l'ordre de s'apprêter au combat, et fit élever près Stoudianky une batterie de 40 pièces de canons qui devait servir à couvrir la construction des deux ponts, dont l'un devait être placé à Stoudianky et l'autre plus haut. L'armée manquait de pontons, ils avaient été brûlés par Mortier, lorsqu'il quitta Moscou, et le reste après les affaires de Viazma et d'Orcha. Il fallait construire les ponts sur des chevalets ; Oudinot ordonna en conséquence, dès la veille, de couper du bois ; et d'abattre les chaumières du village le plus rapproché ; il fit venir de tous côtés des pièces de bois, des joncs, de la paille, etc. etc. ; toute la nuit du 13 au 14 fut employée à ces travaux. La présence de Napoléon encourageait les travailleurs. Son étonnement et sa joie augmentaient en voyant que le nombre des troupes russes sur la rive droite restait le même, et que, de notre côté, aucun préparatif n'annonçait la résolution de défendre le passage. Les Français commencèrent à poser les chevalets dans l'eau. Cet ouvrage ne pouvait se faire en secret et sans bruit ; l'on entendait et l'on voyait tout de l'autre bord, où campait le détachement de Korniloff.

La veille encore, cet officier supérieur envoya prévenir ses chefs que le nombre des ennemis augmentait continuellement, qu'ils coupaient du bois et qu'il était certain qu'ils voulaient traverser la rivière à Stoudianky. Le 14 au matin, il envoya de nouveau un rapport, pour annoncer que l'ennemi travaillait déjà à la construction d'un pont. A l'aide d'une longue vue, les Russes aperçurent aussi la batterie de 40 canons. La position qu'occupaient les Russes était déprimée. Un marais de la longueur d'une demi-verste les séparait de la rivière ; on ne pouvait guère placer plus de 4 canons sur la plate-forme qui se trouvait sur le devant, et les boulets ne pouvaient atteindre que le milieu de la rivière. Lorsque les Français commencèrent la construction du pont, l'officier qui commandait l'artillerie dans le détachement de Korniloff voulut essayer si les boulets pouvaient atteindre jusqu'à l'autre bord, ou du moins s'assurer de la portée de son feu, afin de tirer utilement ; mais à peine eut-il lancé un boulet, que la batterie de 40 canons construite sur une élévation, lui répondit par une décharge qui couvrit tout son monde de boulets et de terre ; les hommes et les chevaux tombèrent, et il ne lui resta que la conviction que ses boulets n'atteindraient pas le milieu de la rivière, tandis que ceux de l'ennemi, d'un plus gros calibre, et partant d'une position culminante, auraient sur nous un effet des plus meurtriers. Lors de l'établissement des ponts, Napoléon fit passer sa cavalerie à la nage; chaque cavalier portait en croupe un fantassin; en même temps partirent des radeaux chargés de soldats d'infanterie; arrivés sur le rivage, les Français le firent retentir de cris de joie et d'une décharge de mousqueterie: Korniloff envoya des troupes pour repousser l'ennemi; l'artillerie tourna à gauche, se portant à la rencontre de l'ennemi. Au même instant arriva un officier de Cosaques de Zembine, avec la nouvelle que la cavalerie française avait passé la rivière à Vessélovo, en face de Zembine, ce qui avait obligé les Cosaques qui s'y trouvaient de se replier du côté du détachement de Korniloff. Dès cet instant, on pouvait considérer le passage de l'armée de Napoléon comme une chose certaine, à cause de la faiblesse numérique du détachement de Korniloff ; l'infanterie ennemie, que les radeaux qui allaient et venaient continuellement avaient transportée en masses considérables, se répandit dans le bois et attaqua les Russes. Une colonne ennemie s'avançait sur un chemin si étroit, que l'on eut beaucoup de peine à y établir 2 pièces de canon. L'ouvrage des ponts se poursuivait avec une rapidité extraordinaire. La présence de Napoléon accélérait toujours les travaux. Le premier pont fut achevé bientôt après midi, et il s'ébranla sous le poids des colonnes françaises conduites par le maréchal Oudinot.

Son premier mouvement fut l'envoi d'un détachement pour occuper les défilés de Zembine, par lesquels passe le chemin qui conduit à Vilna. Le détachement trouva les ponts et les digues sur les marais et les bas-fonds intacts, ce qui assura la retraite de Napoléon sur la Lithuanie. Voyant le succès de ses projets, il dit aux personnes qui l'entouraient, en montrant le ciel : « Voilà » mon étoile qui brille de nouveau !... » Comme tous les conquérans, il croyait à la prédestination.

Korniloff fut vigoureusement attaqué de front, tandis que son flanc était canonné par les batteries de 40 pièces de canon. N'étant pas en état de riposter à un feu si meurtrier, il se retirait la douleur dans l'âme, mais lentement, pas à pas, sur un rayon de deux verstes, retenant l'ennemi autant que ses forces le lui permettaient. Parvenu à un petit endroit découvert qui se trouvait au milieu de l'épaisse forêt qu'il traversait, il y plaça, aussi serrés qu'il était possible de le faire, ses douze canons, et fit ouvrir un feu rapide qui dura trois heures.

Les efforts de l'artillerie, la bravoure extraordinaire de l'infanterie et des Cosaques qui, descendus de leurs chevaux, s'étaient réunis à elle, et la cavalerie régulière, continrent l'ennemi, bien qu'il se portât avec une ardeur désespérée sur notre petit détachement qu'il voulait repousser du côté de Stakhoff et au-delà, afin de débarrasser les abords du passage et d'assurer le chemin par lequel il devait opérer sa retraite.

A la nouvelle du passage de l'armée française, le général Tchaplitz revint avec promptitude de Borissoff, et aida Korniloff à conserver jusqu'à la nuit la position qu'il occupait ; il y eut des momens où notre infanterie se rejetait dans le bois derrière l'artillerie; alors les tirailleurs français débouchaient en masse nombreuse de tous les côtés de la lisière du bois, en faisant un feu bien nourri. Le jour disparut bientôt, et quelques explosions d'amorces de fusils permettaient seulement de distinguer dans les ténèbres l'endroit sur lequel on pouvait tirer à mitraille. Une fois ils se portèrent en grand nombre sur la batterie russe, ils avaient reçu l'ordre de l'enlever à tout prix; mais ils furent rejetés en arrière par une vive fusillade de l'infanterie. Enfin la nuit termina le combat. Pendant qu'Oudinot se battait contre Korniloff, Tchaplitz et d'autres troupes qui arrivaient de Borissoff, l'ennemi acheva la construction d'un autre pont; mais tous les deux se rompirent plusieurs fois, ce qui retarda un peu le passage. Vers le soir arriva Ney avec son corps composé de diverses nations réunies ; il prit aussitôt le commandement de toutes les troupes qui se trouvaient sur la rive droite de la Bérésina. Il reçut l'ordre de tenir jusqu'à la dernière extrémité dans la position qu'occupait Oudinot, et de donner ainsi à l'armée le temps de passer la rivière. Napoléon, quoique certain du mouvement de Tchitchagoff vers le bas de la Bérésina, ne doutait pas qu'il ne tarderait pas à revenir sur ses pas, lorsqu'il aurait appris que les Français avaient traversé le fleuve à Stoudianky; c'est pourquoi il hâtait le passage autant que possible. Mais cette appréhension de Napoléon de la prochaine arrivée de l'armée du Danube était sans fondement. Toute la journée du 14, pendant que l'ennemi effectuait sa traversée à Stoudianky, *Tchitchagoff resta immobile à Chabachévitchi*, quoi-qu'il eût reçu les rapports *de Korniloff et de Tchaplitz* dans l'après-midi. En même temps, on l'informait que les Français réunissaient aussi au-dessous de Borissoff des matériaux de construction et que l'on entendait le bruit que faisaient les travailleurs. Il se borna à envoyer quelques bataillons au secours de Tchaplitz, et attendit les rapports du comte Orourk, envoyé du côté du village de Bérésino, pour prendre une détermination définitive dans les circonstances pénibles où il se trouvait. Le comte Orourk arriva le 14 de grand matin à sa destination et ne voyant de l'autre côté du rivage aucune trace d'ennemis, il voulut néanmoins s'en assurer plus positivement et ordonna en conséquence au capitaine Molinowsky de passer la Bérésina avec quelques Cosaques ; ils se dirigèrent par Pogost sur Prigarki. Les habitans répondaient unanimement qu'il n'y avait pas de Français dans les environs de ce pays et qu'ils se concentraient à Borissoff; mais en s'en retournant, Molinowsky apprit à Pogost que les lanciers polonais venaient d'y arriver de Bobrouisk ; ils s'étaient répandus dans le village et faisaient manger leurs chevaux ; les Cosaques se jetèrent sur ces imprudens Polonais, firent quarante prisonniers et trouvèrent sur le chef d'escadron un ordre qui lui enjoignait de se rendre à Borissoff et plus haut sur la Bérésina où devait s'effectuer le passage; cet ordre et les renseignemens qu'avait recueillis le comte Orourk, d'où il résultait qu'il n'y avait pas de troupes ennemies de ce côté, furent immédiatement expédiés à Tchitchagoff ; il reçut le tout dans la soirée du 14, fort tard ; en combinant le rapport d'Orourk avec ceux de Tchaplitz et de Korniloff, l'amiral comprit enfin l'état réel des affaires, et le 15 novembre au matin, il quitta Chabachévitchi et marcha sur Borissoff. Le comte Orourk, sans attendre les ordres de Tchitchagoff, marcha pour joindre l'armée, il envoya de plus un détachement sous les ordres du major Chrapovitzky, pour se mettre en communication avec la grande armée du prince Koutousoff et l'informer du passage de l'armée française au-dessus de Borissoff ; Chrapovitzky rencontra le comte Ojarowsky et ils expédièrent de suite un officier au maréchal Koutousoff pour lui annoncer ce qui venait de se passer. Pendant que Tchitchagoff était encore à Chabachévitchi, c'est-à-dire le 14, le comte

Wittgenstein se porta 13 verstes plus loin, de Baran à Kostritza, où il vit revenir un parti qu'il avait envoyé à Vessélovo. Il apprit que Napoléon avait effectué son passage à Stoudianka ; une autre patrouille l'informa que Victor occupait Borissoff. La première idée de Wittgenstein fut de marcher droit sur Borissoff, d'attaquer Napoléon par derrière et de le séparer de Victor. Par malheur, le chemin de Kostritza à Stoudianka fut reconnu impraticable pour l'artillerie ; c'est pourquoi le comte Wittgenstein prit le parti de passer par Stary-Borissoff; son intention était de couper Victor, qui était à Borissoff, et en cas où il aurait quitté cette ville, il se proposait de le poursuivre et de l'attaquer aussitôt qu'il l'aurait atteint. Pour augmenter les chances de succès de cette manœuvre, il proposa à Platoff de se rapprocher de Borissoff et d'attaquer par la grande route. Ce dernier se trouvait alors entre Natcha et Lochnitza retenu par l'arrière-garde ennemie qui brûlait les ponts et se retirait aussi lentement que possible pour donner le temps à Victor de couvrir la retraite des autres corps sur Stoudianky, ainsi qu'à Napoléon d'achever la construction des ponts et de concentrer tous les détachemens qui se dirigeaient sur Borissoff, du côté de la basse Bérésina. Yermoloff, qui suivait Platoff et qui commandait l'avant-garde de Miloradovitch, s'approchait de Natchi. Le même jour (14 novembre), le prince Koutousoff passait le Dniéper à Kopis et arrivait à Starocélié; il laissa à Kopis quelques régimens de cavalerie de la garde et douze compagnies d'artillerie; les hommes et les chevaux de cette dernière arme étaient destinés à remplir les cadres de l'artillerie de l'armée. Conformément au plan qu'il avait préalablement adopté, le maréchal Koutousoff voulut le lendemain continuer sa marche sur la Bérésina, de Starocélié à Krougloé, par le côté gauche du chemin d'Orcha à Borissoff, dans le but de trouver de meilleurs approvisionnemens et de couper le chemin à Napoléon, s'il voulait se jeter dans le midi; l'armée était précédée d'une avant-garde nouvellement formée sous les ordres de l'aide-de-camp-général Vassiltchikoff, car le corps de Miloradovitch avait pris tellement les devans sur la grande armée qu'il ne pouvait plus servir d'avant-garde.

Tels étaient les mouvemens des armées belligérantes à la date du 14 novembre. Le 15 au matin, l'armée occupait les positions suivantes dans les environs de la Bérésina : Tchitchagoff en marche de Chabachévitchi à Borissoff; le comte de Wittgenstein de Kostritzy à Stary-Borissoff; le comte Platoff, suivi de Yermoloff, de Lochnitzi à Borissoff. Napoléon à Stoudianky travaillant pendant toute la nuit au passage de la rivière; Victor à la tête de deux divisions, en marche de Borissoff à Stoudianky, où il avait laissé la division Partouneaux, qui formait la troisième de son corps, en lui recommandant de tenir dans la ville jusqu'au soir pour les raisons suivantes : 1° rester à Borissoff pour entretenir les Russes dans leur incertitude sur le véritable point du passage; 2° empêcher les Russes d'établir un pont à Borissoff; 3° s'opposer autant que possible à la jonction des corps de Wittgenstein,

Platoff et Tchitchagoff à Borissoff; 4° employer la force pour faire évacuer Borissoff à une foule de traîneurs, qui, ayant trouvé dans cette ville des logemens chauds et quelques vivres, ne voulaient pas en sortir (1).

Nos troupes s'étaient battues la veille contre Oudinot et Ney sur la rive droite de la Bérésina, près de Bril; la matinée du 15 surprit nos tirailleurs confondus pêle-mêle dans le bois avec les tirailleurs français; quelques chasseurs russes se trouvaient derrière la ligne ennemie, dont plusieurs soldats isolés étaient dans le même cas que les nôtres; tous furent surpris par le jour dans la même position où ils s'étaient trouvés la veille,

---

(1) Cet ordre a été publié avec tous ses détails dans l'ouvrage du général Partouneaux, intitulé: *Explications du lieutenant-général Partouneaux.* — Paris, 1814.

par une nuit sombre, froide et pluvieuse. Dès l'aube du jour, nos officiers et ceux de l'ennemi plaçaient les tirailleurs, comme sur un champ de manœuvres, sans le moindre mouvement hostile; on se tint tranquille de part et d'autre pendant toute la journée, sans échanger un seul coup de fusil; personne n'avait envie de commencer le combat, parce qu'on n'était pas assez nombreux, et parce qu'on attendait l'arrivée de l'armée de Borissoff. Quant aux Français, ils n'avaient aucun motif de commencer l'action, ils étaient satisfaits de l'attitude inoffensive des Russes qui leur permettait d'achever le passage.

A une heure après midi, Napoléon, avec sa garde, passa sur la rive droite de la Bérésina, et occupa le hameau de Zanivki. Il laissa en deçà de la rivière le maréchal Victor, qui forma deux divisions en bataille, de façon qu'il couvrait les ponts ; ce jour là il ne fut pas inquiété sur les derrières par Wittgenstein. Il a été dit plus haut que le 15 dans la matinée le comte de Wittgenstein avait quitté Kostritzi, et le comte de Platoff Lochnitzi, tous deux dans le but de couper Victor qui, selon leur opinion, se trouvait à Borissoff. A trois heures du matin, Vlastoff, à la tête de l'avant-garde de Wittgenstein, venant de Gitzkoff, s'approcha de Stary-Borissoff ; il y apprit que Victor avait passé ce bourg avec la plus grande partie de son corps, et qu'il était déjà à Stoudianky. Vlastoff ne put atteindre qu'une de ses colonnes, la plus en arrière, qu'il culbuta et lui enleva un canon. Les prisonniers déclarèrent que la division Partouneaux se trouvait à Borissoff ; le comte Wittgenstein l'ayant appris, se porta avec tout son corps à sa rencontre; il plaça ses troupes de manière à faire face à Stary-Borissoff, appuyant son aile droite du côté de la Bérésina. Bientôt parut le général Partouneaux, que Victor avait abandonné comme une victime; voyant que le chemin de Stoudianky était intercepté, il voulut le forcer, se jeta sur les colonnes russes, espérant y faire une trouée, mais il fut repoussé; on lui envoya un parlementaire pour lui annoncer qu'il était entouré de tous les côtés, et lui proposer de se rendre. Partouneaux retint le parlementaire, dans l'espoir de pouvoir se sauver à cause de l'approche de la nuit, et supposant que les pourparlers ayant commencé, on ne le surveillerait plus avec la même vigilance.

Voici comment il décrit sa position :

« Nous étions entourés, pressés par des
» chariots et 8,000 traînards, pour la
» plupart désarmés, en guenilles, et qui
» ressemblaient à des spectres ambulans;
» resserrés à notre droite par la mon-
» tagne qu'occupe l'ennemi; à notre
» gauche, la Bérésina et l'ennemi; l'en-
» nemi devant nous, l'ennemi sur nos
» derrières; les boulets nous traversant
» de tête en queue! Dans cette situation
» vient par la tête de ma colonne un
» parlementaire ennemi, qui me somme
» de me rendre au nom du général Witt-
» genstein. Ce général avait suivi une
» marche parallèle à celle de notre ar-
» mée, était venu établir son quartier à
» moins d'une demi-heure de Borissoff;
» ses troupes couronnaient toutes les
» hauteurs à notre droite; il avait déta-
» ché le comte Stenghel avec 18,000
» hommes et 60 pièces de canons, entre

» moi et le reste de l'armée, dont deux
» lieues encore me séparaient.

» Je répondis au parlementaire : Je
» ne veux point me rendre. Je ne puis
» vous renvoyer dans ce moment ; vous
» serez témoin des efforts que nous al-
» lons faire pour nous ouvrir un pas-
» sage. Bientôt, à travers cette foule,
» m'arrive l'aide-de-camp du général
» Camus, qui m'annonce que le pont de
» Stoudianky est en feu. Le rapport de
» mon général d'avant-garde, qui res-
» tait stationnaire en attendant mes
» ordres, mit le comble à nos maux.
» Songeant pourtant encore à échapper,
» je renvoyai le capitaine Rocheix à son
» général, pour lui ordonner de cher-
» cher, à la faveur de la nuit, à passer
» la Bérésina, soit en la remontant, soit
» en la descendant, à gué ou à la nage ;
» je le faisais prévenir en même temps

» que j'allais me diriger sur la droite, à
» la tête de la brigade Billard. Un offi-
» cier que j'envoyai au général Delaître,
» pour l'avertir de ce mouvement, fut
» tué avant qu'il eût atteint ce général.

» A la tête de la brigade Billard,
» je gravis la montagne, où bientôt je
» rencontre l'ennemi, le prenant, dans
» l'obscurité, pour les troupes du géné-
» ral Blamont, que, d'après mes ordres,
» je dois trouver dans cette direction.
» J'ordonnai de ne pas tirer. A cette
» hauteur, je rencontrai le colonel
» Sainte-Suzanne, séparé par une
» charge de l'ennemi, avec trois com-
» pagnies du reste de ses deux batail-
» lons que le général Camus avait déta-
» chés sur la droite, pendant l'attaque. Il
» se rallie à la brigade Billard. Nous
» trouvant face à face avec les Russes,
» nous les traversons sans tirer, et nous

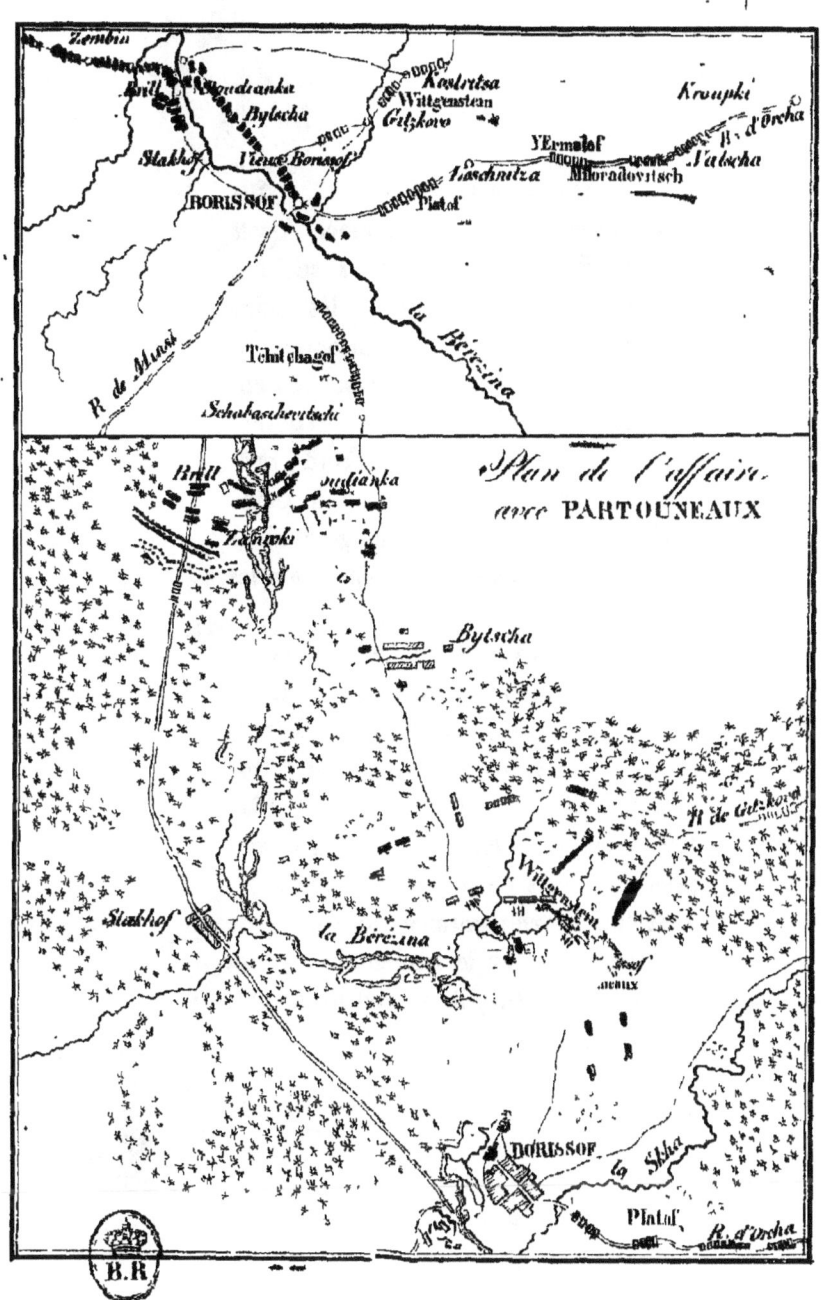

» continuons à marcher en silence. Après
» avoir erré plusieurs heures sur des
» marais, des lacs, à travers les bois,
» suivis, harcelés par des Cosaques qui
» avaient découvert notre marche ; en-
» tourés des feux de l'ennemi, exténués
» de faim, de fatigue et de froid, près
» d'être engloutis par un lac à peine
» gelé, que la nuit et la neige avaient
» caché à nos yeux, nous déposâmes les
» armes. »

Deux généraux de brigade de la division Partouneaux, dont l'un avait été blessé au genou, l'autre au bras, restèrent en arrière et retournèrent à Borissoff; mais ils y trouvèrent déjà Platoff. Voyant dès lors qu'il ne leur restait plus aucune voie de salut, ils envoyèrent un parlementaire au comte de Wittgenstein, et le lendemain, à sept heures du matin, ils se rendirent prisonniers. On s'empara, dans cette circonstance, de cinq généraux, de plus de 8,000 hommes, tant armés que sans armes, de 800 hommes de cavalerie allemande en bonne tenue, et de trois canons.

Tandis que Wittgenstein était aux prises avec Partouneaux, Platoff et Séslavine arrivaient sous les murs de Borissoff; Séslavine y entra le premier; on y fit beaucoup de prisonniers, et l'on enleva deux canons à l'entrée de la ville. Vers ce temps, Tchitchagoff, avec son armée exténuée par deux marches pénibles, arrivait de Chabachévitchi, à la tête du pont de Borissoff. *Il s'y arrêta toute la nuit,* au lieu de continuer sa marche pour se réunir à Tchaplitz. Il fit établir un pont de pontons sur la Bérésina, et se mit ainsi en communication avec Wittgenstein, Platoff et Yermoloff, qui se trouvaient à 18 verstes de Borissoff. Le comte de Wittgenstein se rendit en personne à Borissoff, et convint avec Tchitchagoff d'effectuer le lendemain 16 une attaque générale sur les deux rives de la Bérésina, de la manière suivante : 1° l'armée du Danube devait se porter sur Stakhoff, et plus loin, où se trouvait Tchaplitz, et agir sur la rive droite contre les troupes ennemies, qui déjà avaient passé la rivière ; 2° le comte Platoff et Yermoloff devaient passer sur la rive droite pour y soutenir l'armée du Danube ; 3° le comte de Wittgenstein devait tomber sur le corps du maréchal Victor et sur toutes les troupes françaises qui se trouvaient encore en-deçà de la rivière, et couvraient le trajet qui n'avait pas encore été entièrement consommé.

Ainsi, le 16 novembre devait avoir lieu une bataille, sur les deux bords de la Bérésina.

Les troupes qui s'étaient réunies le 14 et le 15 entre Stakhoff et Bril, c'est-à-dire Tchaplitz, Korniloff, et quelques régimens qui y étaient accourus de Borissoff, conservaient dans le bois les positions qu'ils avaient occupées lorsque l'affaire du 14 fut terminée. Ils reçurent bientôt l'ordre, d'après un signal tiré dans la compagnie d'artillerie d'Arnoldi, d'attaquer l'ennemi sur toute la ligne, et de ne pas attendre l'arrivée de l'armée qui avait passé la nuit à Borissoff.

A peine l'aurore avait-elle paru, que deux coups de canon partis de nos rangs donnèrent le signal et furent suivis d'un feu de mousqueterie; deux pièces de canon qui faisaient partie de l'avant-garde française, sur un chemin fort étroit, retournèrent lentement à leur réserve; la compagnie russe d'Arnoldi, rangée aussi à deux canons de front, les suivit, elle tourna subitement à droite, et à peine fut-elle arrivée en face du plateau où s'effectuait le passage de la Bérésina, qu'elle fut reçue par les décharges d'une batterie française; notre infanterie, qui s'ébranla en même temps que l'artillerie, fit reculer l'ennemi.

Le maréchal Ney s'aperçut de tout le dommage que pouvait occasioner l'occupation par les Russes d'un point aussi voisin de l'endroit où l'armée française opérait son passage; il fit avancer son infanterie et tâcha de nous faire reculer dans la profondeur du bois; il forma en outre une colonne de cavalerie, de tous ceux qui avaient des chevaux, généraux aussi bien que soldats, et lui donna l'ordre d'attaquer ; l'armée russe, de son côté, recevait aussi des renforts; l'amiral Tchitchagoff arrivait de Borissoff, où il avait couché; à neuf heures du matin, il envoya de Stakhoff son chef d'état major, Sabanéieff avec les 9me et 18me divisions d'infanterie, pour prendre part au combat. Le général Sabanéieff avait une prédilection particulière pour la guerre de tirailleurs ; aussi, avant d'arriver sur le champ de bataille, fit-il disperser plus de la moitié de son corps en tirailleurs ; mais le maréchal Ney ne tarda pas à faire une attaque de cavalerie; après avoir fait une trouée à travers les flanqueurs, il tomba sur leurs réserves et sur la ligne très-étendue des éclaireurs de Sabanéieff. La bravoure personnelle de nos généraux arrêta Ney, et surtout

une attaque brillante du régiment
des hussards de Pavlograd, sous les
ordres de Tchaplitz, qui culbuta une
colonne ennemie ; l'on se battit ensuite pendant toute la journée dans le
bois ; les Français se portaient en avant
avec la rage du désespoir, ils ne songeaient plus à la gloire d'une bataille
gagnée, ni à conquérir des trophées, ils
n'avaient en vue que de masquer la retraite de l'armée sur Zembine, et d'assurer le sort de plusieurs dixaines de
mille hommes désarmés et qui se trouvaient encore sur la rive gauche de la
Bérésina avec les troupes que Wittgenstein venait d'attaquer à Stoudianky.
Lorsque la chaîne des tirailleurs s'é-
claircissait, d'autres venaient les ren-
forcer ; l'ennemi ne perdait pas moins
de monde que nous, et nous avancions
et reculions alternativement. La situa-

tion du terrain où l'on se battait offrait un grand inconvénient ; ce qui ne s'était jamais vu dans une bataille générale, c'est que l'artillerie ne pouvait agir simultanément qu'avec deux pièces de canon que l'on avait placées sur un chemin fort étroit à l'issue du bois. Là s'était trouvée, dès le commencement, la compagnie d'Arnoldi qui tirait à six intervalles, c'est-à-dire deux pièces à la fois; mais elle ne put tenir plus d'une demi-heure ; les chevaux et les hommes finissaient par succomber, alors ils étaient relevés par deux autres canons ; après avoir essuyé des pertes énormes pendant trois heures, cette compagnie, fut renvoyée et remplacée par trois autres, qui se relayaient au fur et à mesure, comme celles qui les avaient précédées ; malgré le feu meurtrier de l'artillerie et de la mousqueterie, elles tinrent bon pendant douze heures. Napoléon se tenait derrière Ney avec sa garde, tandis que le train de l'armée, l'artillerie, les hommes désarmés se dirigeaient sur Zembine aussitôt qu'ils avaient franchi les ponts. Un combat sanglant se livrait entre Bril et Stakhoff; il dura jusqu'à onze heures du soir; la moitié de l'armée du Danube seulement y prit part, et encore était-elle dispersée en tirailleurs. Il n'y avait aucune manœuvre, aucune marche détournée, aucun mouvement en colonnes, le terrain rendait toute évolution impossible. Le reste de l'armée, à l'exception des hussards de Pavlograd, du détachement de Platoff et de Yermoloff, qui avaient traversé la Bérésina à Borissoff, se tenait l'arme au bras en réserve, près de Stakhoff.

Voyons maintenant ce que faisait le

comte Wittgenstein : ayant passé la nuit du 15 au 16 à Stary-Borissoff, il ordonna à Vlastoff de se porter le 16, à cinq heures du matin, avec l'avant-garde, à Stoudianky ; il devait être suivi immédiatement par le corps de Bergh en deux colonnes, et par la réserve qui se tenait à Ghitzkoff. Le comte Steinghel resta avec son corps à Stary-Borissoff où il était chargé de mener à fin la capitulation qu'on avait entamée avec les généraux français du corps de Partouneaux et qui ne se rendirent définitivement, comme il a été méntionné plus haut, que le 16. Vlastoff rencontra les patrouilles françaises près de Bytcha, et c'est en les faisant reculer qu'il s'approcha de la position de Victor qui occupait au-devant de Stoudianky les hauteurs garnies d'artillerie. Devant le front de la position coulait un ruisseau, au milieu de buissons; l'aile gauche était flanquée d'une brigade de cavalerie. Vlastoff envoya des tirailleurs pour occuper Victor de front, et les Cosaques soutenus par la cavalerie régulière, eurent l'ordre de se jeter sur la cavalerie de l'aile gauche ; il plaça en même temps douze pièces de canon en face du flanc droit et ouvrit un feu d'artillerie qu'il dirigea sur le pont de la Bérésina; tandis que les Cosaques luttaient contre la brigade de cavalerie avec des succès variés et que les chasseurs tiraillaient dans les buissons , nos boulets couvraient le pont, au milieu duquel s'étaient encombrés une grande quantité de bagages ; les hommes et les chevaux tombaient en foule. Il y eut un tumulte extraordinaire sur le pont, occasioné par les charriots et les voitures brisées et renversées, par l'agglomération des morts et des blessés; on fut obligé de s'arrêter, car on ne pouvait ni avancer ni reculer. Craignant que le pont ne se rompît, la foule qui s'y trouvait se précipita en arrière, sur la rive, et en même temps une autre masse d'hommes voulait gagner le pont; de sorte qu'aucune force humaine ne pouvait parvenir à rétablir l'ordre.

Pour faciliter et accélérer le passage, le maréchal Victor devait absolument s'efforcer de gagner du temps et d'éloigner la batterie russe qui foudroyait le pont. Il attaqua, en conséquence, le centre de Vlastoff; ce mouvement de Victor était soutenu par une batterie élevée de l'autre coté de la rivière, par Napoléon, qui lui-même s'amusait à pointer les pièces, et comme le corps de Bergh n'avait pas encore eu le temps de le joindre, il fut obligé de plier;

mais bientôt parut Bergh avec sa première colonne, ainsi que la réserve, arrivant de Gitzkoff. Les Russes se portèrent en avant; les tirailleurs traversèrent le ruisseau; mais Victor les empêcha d'aller plus loin; il fit appeler sa réserve, et fit une trouée dans le centre. Cependant le succès de cette attaque ne fut pas long; une compagnie d'artillerie se présenta et ouvrit un feu meurtrier; protégées par ses décharges, la cavalerie et l'infanterie de notre réserve se portèrent en avant et rallièrent les régimens du centre qui avaient été momentanément repoussés. Les Français ne purent soutenir ce choc; alors notre aile droite marcha aussi en avant. Victor se retira et forma ses troupes en cercle, ayant les ponts derrière lui; il fit tirer le canon de ses batteries; des deux côtés l'affaire se termina par une canonnade. Si dans ce moment tout le corps d'armée du général Wittgenstein avait pu agir simultanément, la perte de Victor eût été inévitable; mais ce corps était disséminé. Le comte Steinghel resta toute la journée à Stary-Borisoff, occupé du désarmement de la division Partouneaux; il n'arriva sur le champ de bataille que dans la nuit, et des deux colonnes de Bergh il n'y en eut qu'une qui prit part au combat; l'autre resta long-temps en arrière; à la suite d'un de ces malentendus si fréquens à la guerre, elle n'arriva à Stoudianky que lorsque l'affaire était terminée (1). L'obscurité de la nuit mit fin

(1) Voici ce qu'on lit dans le journal tenu à l'état-major du comte Wittgenstein : « Par malentendu, la seconde ligne du général Bergh était restée près de Stary-Borissoff une partie de la journé. Elle n'arriva devant Stoudianky qu'au moment où l'action allait finir. Le corps du général Steinghel, chargé

au combat. L'ennemi perdit beaucoup de monde, outre ceux qui furent tués dans la lutte. Les canons russes, qui balayaient les ponts toutes les fois que Victor était forcé de se replier, firent périr une foule de personnes qui se pressaient sur les ponts, la plupart désarmées ou faisant partie du train. On n'observait plus la différence des grades et des rangs, on était sourd à la voix des chefs, chacun se hâtait d'atteindre la rive opposée; on se heurtait, on poussait dans l'eau ceux qui empêchaient d'avancer, et ceux qui le pouvaient se frayaient un chemin sur des monceaux de cadavres. Les malades, les blessés et les hommes valides étaient indistinctement foulés et écrasés pêlemêle par les voitures et les chevaux; les

de désarmer la division du général Partouneaux, ne vint sur le champ de bataille qu'à la nuit tombante. »

caissons, allumés par les obus, sautaient en l'air; les avant-trains des canons et des voitures renversés, les chevaux hennissant, se cabrant, et ne trouvant aucune issue, se pressaient; les uns étaient précipités dans la rivière avec leur monture; les cris, les lamentations, étaient étouffés par le bourdonnement des boulets russes, par le bruit des bombes qui éclataient, et le roulement des décharges d'artillerie et de mousqueterie qui tonnaient sur les deux rives. Quoique le combat eût cessé à Stoudianky, le désordre et la confusion continuaient toujours sur les ponts. Tout-à-coup, vers les dix heures, par une soirée froide et orageuse, débouchèrent de ce côté les troupes de Victor, qui, ayant laissé à Stoudianky son arrière-garde, commença à descendre de la côte élevée qu'il avait occupée pendant toute la journée, afin de gagner l'embarcadère. Ses colonnes se faisaient jour à la baïonnette et à coups de crosses ; les chevaux morts qui encombraient les bords des ponts leur servaient de tranchées. A une heure après minuit, le passage de Victor s'effectua ; les ponts furent évacués. Une foule de traîneurs qui ne réussirent pas à atteindre l'autre côté de la rivière, fatigués par des efforts inutiles et repoussés par le corps de Victor, se jetaient sur la terre couverte de neige, et se réfugiaient dans les charriots renversés. Ceux qui le pouvaient allumaient du feu ; exténués, épuisés moralement et physiquement, ils voulaient le sommeil, ou plutôt l'inaction, en attendant l'aube du jour. Les généraux français, pendant la nuit, envoyaient des ordres à ces infortunés pour les presser de passer à la rive opposée, en les informant que l'on allait bientôt brûler les ponts. L'épuisement de ces hommes désarmés était tel, que peu d'entre eux eurent la force d'obéir à ces ordres, préférant le repos d'un moment à une captivité presque inévitable. A cinq heures du matin, Napoléon, pour les faire sortir de cette inertie et les contraindre à traverser la rivière, ordonna de mettre le feu à leurs bagages et aux voitures. Cette mesure produisit quelque effet, d'autant plus que bientôt l'on vit déboucher et s'acheminer vers les ponts l'arrière-garde de Victor, qui, pendant toute la nuit, n'avait pas quitté la rive gauche. C'est alors que les *désarmés*, que l'on appelait, avant Smolensk, les *militaires isolés*, et qui, plus tard, furent désignés par le nom d'*effroyables colonnes de traîneurs*, suivirent les troupes. Quelques instans de sommeil les ranimèrent un peu; d'ailleurs, ils étaient convaincus que derrière eux il ne restait plus de troupes françaises, et qu'ils ne pouvaient plus se défendre contre les Russes. Cependant ils ne parvinrent pas tous à gagner l'autre bord. Le jour commençait à paraître; mais le général qui était chargé de la destruction des ponts tâchait de retarder jusqu'à la dernière extrémité l'exécution de cet ordre, voulant donner le temps nécessaire à ces frères d'armes de passer la rivière. Il fallait profiter du temps, les momens étaient précieux; mais ce retard ne pouvait pas durer au-delà d'une heure. A neuf heures et demie apparurent sur les hauteurs de Stoudianka les piques des Cosaques, la terreur des Français, et l'ordre fut donné à l'instant même de mettre le feu aux ponts, qui déjà, pendant la nuit, avaient été recouverts de matières combustibles. Les hommes, les chevaux, les chariots et tout le train qui les garnissaient furent engloutis par les flots ; plusieurs de ces infortunés se cramponnèrent sur des solives que la flamme avait épargnés, et voulurent essayer de traverser sur la glace qui s'était encombrée auprès des chevalets ; mais ils furent écrasés, broyés par d'autres glaçons, ou bien entraînés par les vagues : en vain ils luttaient contre le courant, en vain ils imploraient du secours, personne ne les entendait ; d'autres tâchaient de se sauver à la nage, mais ils se noyaient ou gelaient ; quelques-uns se jetaient à travers les flammes qui dévoraient le pont, et périssaient dans d'horribles souffrances ; des femmes, des enfans, quelques-uns à la mamelle,

entourant encore de leurs petites mains
le cou de leurs mères, gisaient sur la
glace, les membres brisés. Des cris de
rage et de désespoir remplissaient l'air ;
ils étaient accompagnés des gémisse-
mens lugubres du vent du nord, qui,
s'étant élevé depuis l'aube du jour,
soufflait avec une violence extrême ; la
neige et le givre, soulevés par l'ouragan, obscurcissaient la vue et gelaient
les membres de toutes ces victimes, appartenant à des nations si diverses. La
Bérésina était tellement remplie de cadavres, qu'on pouvait la traverser d'un
bout à l'autre sur des corps humain.
Avant que l'on n'incendiât les ponts,
Napoléon, à six heures du matin, le
17 novembre, quitta Zanivki et se rendit, par Zembine, à Kamin. Ses troupes
se traînèrent dans cette même direction
pendant toute la nuit et la matinée ; ils

devaient marcher sur Vilna par Molodetchno, Smorgani et Ochmiani. L'arrière-garde était commandée par le maréchal Ney. Il fut arrêté pendant quelques heures en tournant de la forêt de Briloff à Zembine, où le chemin se trouva embarrassé par une foule d'hommes et de bagages. Tchitchagoff ayant appris la retraite de l'ennemi, se porta sur Bril; il trouva sur le chemin sept canons abandonnés, des fourgons, des caissons, et beaucoup de traînards, qui, réunis à ceux que l'on avait fait prisonniers à l'affaire de Tchitchagoff, formaient une masse de 3,300 hommes. L'amiral Tchitchagoff *fit encore une halte et n'alla pas plus loin ce jour;* il se contenta d'envoyer à la poursuite de l'ennemi son avant-garde, sous les ordres du général Tchaplitz. Elle était composée d'un régiment d'infanterie, de 7 régimens de chasseurs à pied, de 4 régimens de cavalerie légère, de 8 régimens de Cosaques et de 3 compagnies d'artillerie à cheval. Tchaplitz poursuivit les Français jusqu'à l'auberge de Kabinskaïa-Roudnia; mais il ne pouvait marcher vite, car le chemin, qui passait par un bois, était en fascinage. Les Français y ajoutèrent des fagots, et mirent le feu aux points qui se trouvaient dans cette direction. Tchaplitz, étant obligé de se frayer le chemin, ne put atteindre Ney que le soir. A gauche, près de Plestchénitzi, se trouvait le général Lanskoy, qui avait été envoyé, la veille, pendant la bataille de Stakhoff, avec ordre de devancer les têtes de colonnes ennemies. Il attaqua inopinément Plestchénitzi, et y fit prisonniers un général et un fourrier qui apprêtaient des logemens pour le quartier-général de Napoléon. Lorsque, le 17, dans la matinée, Tchitchagoff marchait de Stakhoff à Bril, le comte de Wittgenstein, ne pouvant traverser la Bérésina, parce qu'on avait brûlé les ponts, poussa avec son avant-garde jusque sur les bords de la rivière, en avant de Stoudianky. On plaça des canons et l'on tira sur l'ennemi qui se trouvait encore sur la rive droite; les Français ne répondirent pas à nos décharges; ils ne songeaient qu'à se sauver entre Stoudianky et les ponts. Sur un espace de plus d'une verste carrée, on voyait un amas d'équipages de tout genre, voitures, calèches, droschki, fourgons, chargés de butin qu'on avait enlevé en Russie, mais dont l'ennemi ne profita que fort peu; la plus grande partie resta en-deçà de la rivière, et retomba au pouvoir des

Russes. On voyait aussi parmi ces bagages douze canons abandonnés par Victor. Dans ces deux journées, Wittgenstein fit 13,000 prisonniers, y compris la division Partouneaux. On voyait errer sur le rivage des chevaux et une meute de chiens que l'ennemi avait enlevés de Moscou. Le comte de Wittgenstein chargea trois légions de la milice de travailler au déblaiement des routes et au rétablissement des ponts. Les bagages furent livrés aux troupes, comme butin. Une grande quantité de Français qui n'avaient pu suivre l'armée, hommes et femmes, couverts de haillons, de tapis, de housses de chevaux, les membres à demi gelés, se jetaient dans nos rangs et demandaient du pain au nom de l'humanité; les soldats et miliciens partageaient avec eux le peu de biscuit dont ils pouvaient disposer; les ennemis embrassaient les mains de ces généreux guerriers. Parmi les officiers prisonniers qui n'avaient pas été encore entièrement dépouillés, il y en avait qui, pour quelques biscuits, donnaient de l'or et des bijoux; de temps en temps, la commisération faisait place à un sentiment de dégoût, quand on apercevait parmi les effets offerts en échange, des traces de sacrilége. On rencontrait des femmes montées sur des chevaux recouverts d'habits sacerdotaux; on trouvait des boites faites avec des images de saints, et différens autres objets consacrés par l'Église étaient employés aux usages les plus profanes. Les soldats russes restituaient immédiatement à l'autorité les effets précieux qui appartenaient à l'Église et que des mains impies avaient enlevés.

En attendant, Napoléon, couvert d'une riche fourrure de martre zibeline, continuait sa route sur Kamen. Ses dernières paroles sur les bords de la Bérésina furent adressées au général d'Éblé, qui mettait le feu aux ponts. Napoléon lui dit : « Enlevez ces ca-
» davres, et faites-les jeter dans l'eau;
» les Russes ne doivent pas s'aperce-
» voir de nos pertes. » Mais le général d'Éblé n'avait pas le loisir de s'occuper de ces sépultures; il s'estimait heureux d'avoir pu échapper lui-même, et abandonna non-seulement les morts, mais même les malades et les blessés. Ils maudissaient le nom de Napoléon, et périssaient de froid dans les forêts désertes. L'intensité du froid augmenta subitement le lendemain, et le thermomètre descendit à 20 degrés. Quelques-uns de ces malheureux étaient déjà avant

leur mort livrés à la voracité des loups et des oiseaux de proie.

C'est ainsi que se termina le passage de la Bérésina par Napoléon; il lui coûta 20,000 prisonniers, plusieurs milliers d'hommes tués et engloutis dans les flots, 25 canons abandonnés sur les deux rives, et une grande quantité de pièces tombées dans l'eau, ainsi qu'un matériel immense. Toutefois, malgré la déroute de l'armée française et les désastres inouïs qui en furent la conséquence, la pensée de ll'empereur Alexandre ne se réalisa pas; on ne coupa pas le chemin aux débris de l'armée d'invasion, et Napoléon lui-même échappa. Il est vrai qu'il n'était pas facile de s'emparer de l'Attila des temps modernes. Un tel évènement n'eût été que l'effet du hasard, car un seul homme ou un petit nombre d'hom-

mes peuvent toujours passer partout et
toujours. Si même son armée avait été
anéantie, Napoléon pouvait se sauver
avec d'autant plus de facilité, que cette
lutte avait pour théâtre un pays qui était
sous l'influence des plus séduisantes pro-
messes. Mais son armée aurait dû nécessairement être entièrement anéantie, si
de notre côté on avait agi avec plus de
vigueur, d'adresse et de talent. L'armée
du Danube surtout était restée si long-
temps inactive à Brest, que malgré tous
les efforts qu'elle fit plus tard pour accélérer sa marche du Boug à Borissoff,
elle ne put parvenir à temps sur les
bords de la Bérésina, ce qui l'empêcha
d'entrer en communication avec le comte
de Wittgenstein et de combiner avec
lui les opérations de ces deux corps d'armée. Après la prise de Borissoff, on
demeura deux jours sans avoir aucun

renseignement sur l'ennemi ; après quoi eut lieu la défaite et la retraite de l'armée de Borissoff, ce qui nous priva de nos communications avec la rive gauche de la Bérésina et avec le comte de Wittgenstein. Puis, sur des avis que l'ennemi s'apprêtait à passer à Oukholod et Stoudianky, on abandonna le point central de la Bérésina, et l'on se décida pour le mouvement du côté de Chabachévitchi, sans avoir examiné préalablement les rives de la Bérésina, ni s'être assuré du point le plus avantageux à l'ennemi pour effectuer le passage. On se serait convaincu alors combien l'élévation de la côte près de Stoudianky, que plusieurs généraux désignaient en conseillant de ne pas abandonner Borissoff, était avantageuse pour la construction des ponts. Lorsqu'on se porta de Borissoff à Chabachévitchi, on eut l'imprudence de laisser à découvert le chemin de Zembine, et l'on ne prit pas même la précaution de détruire les digues et les ponts. Lorsqu'on eut reçu à Chabachévitchi des renseignemens exacts sur le principal point où Napoléon devait passer la Bérésina, l'armée du Danube, au lieu de retourner sur ses pas, ne marcha que le lendemain, ce qui entraîna une perte de temps irréparable dans de pareilles circonstances; après ce retard d'une nuit, elle ne fit que 20 verstes et s'arrêta pour coucher à Borissoff, quoiqu'il ne restât plus que 13 verstes à faire pour atteindre le but, c'est-à-dire le point où l'ennemi opérait son passage.

Le lendemain on s'ébranla, et il en résulta le combat de Stakhoff, mais il fut livré contrairement aux principes de guerre généralement reçus.

L'armée du Danube avait présens sous les armes :

59 bataillons.	19,500 hom.
88 escadrons.	8,800 id.
13 régimens de Cosaques.	3,280 id.

et 180 pièces de canon ; ainsi le nombre des combattans s'élevait, y compris les artilleurs, à environ 33,000 hommes. De toutes les armées russes, celle dite du Danube était la plus aguerrie ; pendant six années consécutives, elle avait guerroyé contre les Turcs, continuellement au feu, et, pour ainsi dire, l'arme toujours chargée. Pendant leur marche, en venant de Moldavie, tous, depuis les généraux jusqu'aux soldats, manifestaient un enthousiasme extraordinaire et le désir de se mesurer avec les soldats de Napoléon. Tous brûlaient du désir de payer leur tribut à leur patrie, de mourir pour leur monarque. Ils étaient convaincus que non-seulement ils égaleraient en bravoure, mais encore qu'ils surpasseraient leurs camarades de la grande armée et du corps de Wittgenstein. Avec de telles troupes il n'y avait rien d'impossible. On pouvait attaquer la tête des colonnes ennemies, sur les passages, et les harceler dans toutes les directions. En remplacement du corps d'Ertel, qui avait fait défaut le jour de la bataille de Stakhoff, arriva Yermoloff avec 14 bataillons de l'avant-garde de Miloradovitch et tout le corps de Platoff; mais ils restèrent dans l'inaction, ainsi que la moitié de l'armée du Danube. Par conséquent, l'on ne manquait pas de troupes, et l'on pouvait sinon s'opposer à la marche de Napoléon, du moins l'arrêter pendant quelque temps et inquiéter son passage en le contenant, jusqu'à ce que Wittgenstein et Moloradovitch eussent pu l'attaquer par derrière. Ce dernier arriva le lendemain à Borissoff. Quelques-uns prétendent, mais à tort, que le prince Koutousoff avait ordonné à Tchitchagoff de porter exclusivement son attention sur la basse Bérésina, comme s'il avait eu la certitude que Napoléon se ferait jour de ce côté.

Le maréchal écrivait à l'amiral, le 10 novembre : « Il pourrait arriver que » l'ennemi tournât de Tolotchine, ou » de Bobre, sur Pogost et Igoumène, » et le second et dernier ordre était daté du 13 novembre. Après avoir retracé les dispositions prises à la grande armée et dans le corps de Wittgenstein, le prince Koutousoff, comme s'il eût deviné le mouvement sur Vilna que projetait Napoléon après le passage de la Bérésina,

s'exprimait ainsi : « Si Borissoff est oc-
» cupé par l'ennemi, il est vraisem-
» blable que Napoléon se dirigera sur
» Vilna par le chemin le plus direct,
» par Zembine, Pletchénitza et Vileïka;
» afin de prévenir ce mouvement, il se-
» rait urgent d'envoyer un détachement
» pour occuper les défilés de Zembine,
» où il est facile de contenir l'ennemi,
» eût-il même des forces infiniment su-
» périeures. Notre grande armée, en dé-
» bouchant de Kopis, marchera par
» Starocélié et Tzitzergine sur le bourg
» de Bérésino, d'abord pour se pro-
» curer de plus abondans approvision-
» nemens, et ensuite pour tâcher de
» prévenir l'ennemi, dans le cas où il
» marcherait de Bobre par Bérésino
» sur Igoumène, ce qui peut avoir lieu
» d'après plusieurs renseignemens qui
» nous arrivent. Il se trouve au-dessous

» de Borissoff, à la distance de huit
» verstes près d'Oukholod, plusieurs
» gués propres à faciliter le passage
» de la cavalerie. » Il résulte de ces ordres émanés du prince de Koutousoff, que ce général, sans contester la possibilité de voir Napoléon traverser le fleuve au-dessous de Borissoff, ne cessait d'insister positivement et explicitement sur l'indispensable nécessité d'occuper Zembine. Si l'on avait exécuté les ordres du feld-maréchal à cet égard et si l'on avait détruit les ponts, les digues et les chaussées des défilés de Zembine, qui s'étendaient sur l'espace de deux verstes, il ne restait à Napoléon qu'un seul parti à prendre pour assurer sa retraite après avoir passé la Bérésina, c'était de tourner à gauche sur Minsk par Antopol, et il aurait alors été obligé de se jeter dans des marais et des

forêts profondes et épaisses. Quant à Tchitchagoff, il aurait pu occuper une très-forte position non loin de Stakhoff, derrière le fleuve Brodnia, devant lequel s'étend un terrain marécageux de la largeur de 100 sagènes. Dans le cas même où l'ennemi aurait réussi à traverser la Bérésina, après avoir éprouvé de grandes pertes dans cette opération, il se serait trouvé dans la nécessité d'entreprendre encore une lutte périlleuse. Pour attaquer, il fallait du temps, et en attendant seraient arrivés Wittgenstein et les corps qui précédaient la grande armée; dès lors, de quelque côté que Napoléon se fût tourné entre les positions de Zembine et de Stakhoff, il se serait enfoncé dans des fondrières inextricables et dans des marécages que la glace n'avait pas encore affermis; il se serait trouvé en outre dénué de tous moyens de subsistance et privé d'abri, avec des soldats épuisés au milieu d'affreuses privations et exposés à un froid rigoureux ; dans cette alternative, il lui fallait périr ou se rendre.

Jusqu'à quel point les prévisions du maréchal Koutousoff sur Zembine étaient fondées, et combien il était urgent de détruire les ponts et les digues, c'est ce qu'il est facile de prouver par les assertions de plusieurs hommes dont l'autorité ne saurait être révoquée en doute : le général du génie Ferster, envoyé par l'empereur Alexandre à Borissoff après la trouée de Napoléon, afin de recueillir des renseignemens sur les opérations des armées sur la Bérésina, s'exprimait ainsi : « Dans les
» défilés de Zembine, les passages étroits
» et les mauvais ponts entourés d'un ter-
» rain fangeux auraient pu contribuer

» à l'extermination complète de l'en-
» nemi, si ces défilés avaient été bien
» examinés préalablement et si les
» ponts avaient été détruits. » Les
Français eux-mêmes l'ont dit : « Si les
» Russes eussent brûlé les ponts de la
» Gaïna, l'armée française n'aurait pu
» prendre d'autre route que celle de
» Minsk qu'occupait Tchitchagoff, parce
» que, à droite et sur un espace de plu-
» sieurs lieues, sont des marais et des bois
» marécageux impraticables ; ainsi il ne
» restait à Napoléon aucune voie de sa-
» lut (1). » Un autre écrivain s'exprime
ainsi : « Il n'aurait d'ailleurs fallu que
» le feu de la pipe d'un cosaque pour in-
» cendier ces ponts. Dès lors tous nos
» efforts et le passage de la Bérésina
» eussent été inutiles. Pris entre ces

(1) Chambray, Histoire de l'expédition de Russie, tom. III, p. 55.

» marais et le fleuve, dans un espace
» étroit, sans vivres, sans abri, au mi-
» lieu d'un ouragan insupportable, la
» grande armée et son empereur eus-
» sent été forcés de se rendre sans
» combat (1). » Voici l'opinion du général Jomini, qui a été témoin du passage de la Bérésina. « Si les Russes
» avaient eu le temps de détruire les
» ponts, tout était perdu (2). »

Un des généraux les plus expérimentés de l'armée de Napoléon, Mathieu Dumas, formule ainsi sa pensée :
« Ce fût pendant cette marche que,
» traversant les ponts de Zembine, es-
» pèce de chaussée construite en bois de
» sapin sur chevalets, seul passage à tra-
» vers un marais d'environ un mille de

(1) Ségur, Histoire de Napoléon et de la Grande-Amée.
(2) Vie politique et militaire de Napoléon.

» largeur, nous pûmes juger de l'im-
» mensité du danger auquel nous ve-
» nions d'échapper : en effet, rien n'eût
» été plus facile à l'ennemi que de cou-
» per et d'incendier ces ponts (1). » Du
reste, ce n'est pas la seule armée du
Danube, mais aussi le comte de Wittgenstein, qui devait opposer des ob-
stacles au passage de l'ennemi sur ce
point. D'après les combinaisons et la
volonté du prince Koutousoff, il devait
rester sur les bords de la Oula, jusqu'à
ce qu'il se fût assuré positivement de la
direction que prendrait Napoléon, soit
sur Lepel, soit sur Borissoff. Lors de
la retraite de Victor, qui quitta Tché-
réia pour couvrir le chemin d'Orcha à
Borissoff, le comte de Wittgenstein ne
l'attaqua pas avec toutes ses forces ; il se

(1) Souvenirs du lieutenant-général Mathieu Dumas, t. III, p. 473.

borna à inquiéter son arrière-garde, et ces légères escarmouches ne pouvaient exercer aucune influence sur le cours des évènemens; Napoléon, sans s'inquiéter de ces petites rencontres d'avant-garde, continuait son mouvement sur Borissoff. Les précautions avec lesquelles agissait le comte de Wittgenstein, depuis Oula jusqu'à Barane, peuvent s'expliquer de la manière suivante : 1° Il ignorait ou ne pouvait s'imaginer dans toute sa triste réalité, la désorganisation de la grande armée française, dont la fuite par le chemin d'Orcha était couverte par le maréchal Victor, qui commandait à des régimens, les seuls qui eussent encore conservé une apparence de tenue militaire. Les renseignemens que recevait Wittgenstein sur cette armée étaient contradictoires : les uns portaient à 60,000 hommes les troupes dont disposait Napoléon, les autres les élevaient à 80,000 hommes, et il était impossible d'en apprécier le nombre *d'après le mode usité en temps de guerre,* ni de s'assurer de la quantité d'individus qui avaient conservé leurs armes; 2° en tombant avec toutes ses forces sur le détachement de Victor, il courait risque, en cas d'échec, de laisser libre le chemin qui conduisait à droite sur la Dvina, et d'ouvrir à Napoléon une communication avec Macdonald, Vrede et les confédérés de la Lithuanie. Telles ont été les causes des tergiversations du comte de Wittgenstein, causes qui permirent à Napoléon d'atteindre Borissoff impunément. Le jour où Napoléon longeait la Bérésina, de Borissoff à Stoudianky, le comte de Wittgenstein débouchait à Kostritza. Nous apprîmes trop tard le mouvement de Napoléon vers Stoudianky ; cette négligence provenait de ce que l'on n'avait pas envoyé de patrouilles sur la droite ; elles auraient indubitablement rencontré des troupes françaises, et dès lors, on aurait su de quel côté se dirigeait l'ennemi. Plus tard, lorsque Wittgenstein eut acquis la conviction que l'ennemi passait la Bérésina, il trouva le chemin de Vessélovo à Stoudianky impraticable pour l'artillerie, et il fut obligé de retourner sur Stary-Borissoff, où tout le corps fut occupé à couper la seule division Partouneaux, tandis que Napoléon, pendant toute la journée du 15, continuait tranquillement à passer le fleuve ; le 16, lorsque l'on attaqua Victor près Stoudianky, le corps du comte Steinghel resta trop long-temps près de Stary-Borissoff, occupé à désarmer Partouneaux, et la seconde colonne de Bergh n'arriva pas à sa destination, ce qui donna la faculté à Victor de tenir pendant une journée entière, sans quoi il aurait pu être entièrement défait et jeté dans la Bérésina, ou bien être fait prisonnier avec cette foule d'hommes désarmés qui se touvaient sur la rive gauche du fleuve.

On fait encore deux reproches au général Wittgenstein; mais nous les trouvons peu fondés : 1° Pourquoi n'a-t-il pas traversé la Bérésina à sa source, et ne s'est-il pas réuni, par la rive droite, à Tchitchagoff ? Nous répondrons : Parce qu'il lui fallait absolument se tenir sur la Oula, jusqu'à ce qu'il eût appris positivement quelle serait la direction que prendrait Napoléon; et lorsqu'il eut cette certitude, il n'était plus temps d'entreprendre ce mouvement, attendu qu'on ne pouvait l'effectuer qu'en faisant de grands détours, et par des chemins de traverse difficilement praticables dans cette saison avancée; c'est ce qui l'avait empêché de joindre à temps l'armée du Danube et de marcher, conjointement avec elle, à la rencontre de Napoléon, sur le point du passage. Le second reproche, qui n'est pas plus fondé que le premier, consiste en ce qu'il ne devait pas attaquer le duc de Bellune à Stoudianky, mais qu'il lui fallait passer la rivière sur des pontons, et se réunir à l'armée du Danube, pour se porter de Stakhoff sur Brill; mais on oublie qu'il lui était impossible d'exécuter cette manœuvre, par la raison que dans la soirée du 15, lorsque Tchitchagoff eut jeté le pont sur la Bérésina, le chemin qui y menait était barré par la division Partouneaux, et que l'on parlementait encore avec elle. D'ailleurs, à quoi aurait pu servir une concentration aussi nombreuse de nos forces sur la rive droite de la Bérésina, le jour de la bataille de Stakhoff, lorsque la plus grande partie des troupes qui s'y trouvaient n'avaient pas pris part au combat? Le point de l'attaque à Stoudianky avait été bien choisi, mais les troupes destinées à effectuer cette attaque y arrivèrent trop tard. Le passage de la Bérésina aurait été infiniment plus désastreux pour l'armée de Napoléon, si le comte de Wittgenstein avait pu accélérer son arrivée de deux fois vingt-quatre heures, et même d'un jour seulement, et s'il eût attaqué l'ennemi par derrière, pendant que Tchitchagoff l'aurait retenu sur la rive droite. Lorsque Napoléon eut échappé si miraculeusement, sur la

Bérésina, à une perte qui semblait infaillible, les étrangers attribuèrent le succès avec lequel il s'était tiré de ce pas difficile à ses talens militaires, bien qu'il n'y eût aucune gloire de passer, avec des forces supérieures, une rivière faiblement défendue sur sa rive opposée, lorsqu'on n'est pas en même temps inquiété sur ses derrières. On s'étonne aussi de ce que le prince Koutousoff n'avait pas poursuivi Napoléon l'épée dans les reins; mais il est évident qu'il ne pouvait le faire, retenu pendant deux jours à Krasnoé, par l'indispensable nécessité où il se trouvait d'attendre que la défaite de Ney fût consommée. Le prince Koutousoff n'a pas pu s'ébranler avant le 8 novembre, le jour même où Napoléon passait la rivière à Orcha. L'ennemi avait pris une avance considérable sur notre grande armée, par le chemin le plus court, chemin que ne pouvait suivre Koutousoff, parce que le pays qu'il traversait était ruiné de fond en comble : c'est là le motif qui l'obligea de tourner à gauche sur Kopis, en faisant toutefois marcher en avant, le 11 novembre, Miloradovitch à la tête du tiers de son armée; il l'avait fait précéder par des corps de partisans qui furent expédiés, immédiatement après la bataille de Krasnoé, dans la direction de Kopis; ils avaient ordre de balayer les détachemens isolés de l'ennemi et d'établir un pont sur le Dniéper; ainsi l'avantgarde de Miloradovitch, et après lui la grande armée, devaient attendre que l'on eût construit un pont, tandis que Napoléon passait le Dniéper à Orcha, sur un pont tout prêt. Tel fut le principal obstacle qui empêcha notre armée et Miloradovitch d'atteindre la Bérésina au moment où Napoléon la passait. Au surplus, Napoléon, qui voyait que son salut dépendait de la rapidité de sa marche, avançait toujours avec la plus grande célérité, nonobstant l'énorme quantité de monde qui tombait de fatigue et d'inanition, et qui n'était pas en état de soutenir des marches forcées. Notre grande armée ne pouvait donc d'aucune manière le suivre dans sa course.

Toutefois, l'intention de Koutousoff était de faire éprouver à l'ennemi les pertes les plus sensibles sur la Bérésina. Il fit, en conséquence, des dispositions qui semblaient devoir justifier ses calculs. D'après ces dispositions, Tchitchagoff et Wittgenstein devaient rencontrer l'ennemi sur la Bérésina; il envoya en outre à la poursuite des Français tous les partisans, ainsi que l'hetmann Platoff avec 15 régimens de Cosaques du Don, et Miloradovitch avec un corps de cavalerie et 54 bataillons d'infanterie. Ces forces, réunies sur la Bérésina, devenaient plus que suffisantes pour assurer la victoire et l'exécution des plans du maréchal Koutousoff. L'armée du Danube faisait face à Napoléon, le corps de Wittgenstein se trouvait sur sa droite; derrière lui marchaient Platoff et Miloradovitch. Ayant réuni des forces aussi imposantes qui devaient marcher à la rencontre de Napoléon, sur son flanc droit et sur ses derrières, le feld-maréchal lui-même, avec le reste de l'armée, n'avait plus qu'à se porter sur la gauche, afin d'être en mesure de tomber sur Napoléon de ce côté, s'il avait eu l'idée de tourner dans la direction de la basse Bérésina, ou de Bobrouïsk; obligé d'attendre des approvisionnemens et l'établissement d'un pont à Kopis, le prince Koutousoff n'a pu traverser plus tôt le Dniéper. D'ailleurs une armée qui avait marché sans s'arrêter depuis Taroutino, et qui, chemin faisant, avait livré trois batailles générales : celles de Malo-Yaroslavetz, de Viazma et de Krasnoé, ne pouvait cheminer avec la rapidité des fuyards, et il fallait la maintenir en bon état, comme formant le noyau des forces militaires du pays; ou, comme disait le maréchal Koutousoff lui-même : « Avoir de quoi se présenter » à la frontière. » Voici encore quelques paroles que prononça cet illustre guerrier à la même époque : « L'Europe doit » savoir que notre grande armée existe » réellement, et que ce n'est pas un fan- » tôme ni une ombre; il est vrai qu'elle

» diminue en marchant, mais un mois de
» repos et de bons quartiers ne manque-
» ront pas d'améliorer son état. Une
» armée puissante peut seule nous don-
» ner de l'autorité dans la balance des
» affaires politiques, et faire que l'Alle-
» magne se déclare pour nous. »

L'amiral Tchitchagoff et le comte de Wittgenstein ont retenu si peu de temps Napoléon sur la Bérésina, que de toutes les troupes détachées sous les ordres de Miloradovitch, que Souvaroff lui-même à surnommé *l'ailé*, il n'y eut que Yermoloff, avec quatorze bataillons, qui put prendre part à l'affaire de Stakhoff, il était donc de toute impossibilité à la grande armée d'arriver aussi vite, et cela au milieu de l'automne, par des chemins de traverse, par un temps affreux, des chasse-neige et des ouragans terribles.

Le prince de Koutousoff ne voulait pas disséminer sur les chemins les forces fondamentales de la Russie, de cette grande armée qui, plus que tous les autres corps, avait porté le fardeau de cette campagne extraordinaire. La guerre était loin d'être terminée ; de l'autre côté de la Bérésina campaient Macdonald, Schvartzenberg et Régnier; entre le Niémen et l'Oder se trouvait Augereau; or, en réunissant tous ces corps, qui étaient au complet, Napoléon pouvait encore avoir une armée formidable, à laquelle il fallait opposer des forces suffisantes. Souvent le prince de Smolensk, en raisonnant sur les qualités et la puissance de Napoléon, disait, qu'en expulsant même de Russie cet homme extraordinaire, la guerre ne cesserait pas encore, et que nous étions menacés d'une lutte plus terrible peut-être contre toute l'Europe. Il pensait qu'il n'était pas suffisant de repousser Napoléon, et étant investi de la tâche glorieuse et difficile de défendre la Russie, il étendait ses vues jusque dans l'avenir, qui lui présageait une longue série d'efforts, pour terminer ce qu'il avait commencé avec tant de succès, en dispersant et mettant dans une déroute complète la grande armée de Napoléon, et en le réduisant lui-même à la fuite.

Au surplus, si l'ennemi avait échappé sur la Bérésina à une extermination complète, il tomba dans une désorganisation totale après le passage de cette rivière, parce que les revers qu'essuya Napoléon sur la Bérésina portaient exclusivement sur les corps des maréchaux Victor et Oudinot, et sur celui du général Dombrowski qui, seuls dans dans toute l'armée, avaient conservé la force et la tenue de troupes bien organisées; les autres corps, à l'exception de la garde, se trouvaient dans l'état le plus déplorable; la faim, le froid et les revers éprouvés depuis Moscou jusqu'à la Bérésina, les rendaient semblables à un amas d'hommes qu'aurait réunis le hasard. Ce mélange de tous les régimens de toutes les armes, quelques jours après le passage de la Bérésina, joignit les restes des corps de Victor et d'Oudinot; la garde elle-même entra dans cette fusion générale, et ils se précipitèrent tous ensemble sur le chemin de Vilna, au-devant des plus cruelles souffrances et des désastres les plus déplorables.

La traduction que nous venons de donner des opérations des armées belligérantes, à l'issue de la campagne de 1812, prouve jusqu'à la dernière évidence, que l'amiral Tchitchagoff a été sinon l'unique, du moins la principale cause de l'avortement d'un plan sagement conçu, et admirablement combiné par l'empereur Alexandre et le prince Koutousoff de Smolensk; c'est grâce à son inertie, à ses hésitations et à son incapacité, que Napoléon a pu échapper, avec les débris de son armée, à une destruction complète et qui semblait imminente; et lorsque l'on songe que l'amiral Tchitchagoff tenait pour ainsi dire dans ses mains les destinées du monde, et qu'il n'a pas déployé, pour atteindre son but, toute son énergie, toute sa vigilance, on se perd en conjectures sur les motifs de cette fatale incurie. Au surplus, il faut avouer que plusieurs autres chefs ont aussi contribué à faire manquer l'exécution du plan de campagne, soit par leur irrésolution, soit par le peu d'habileté qu'ils ont montrée dans cette lutte décisive; mais ces fautes, n'étant que partielles, ne pouvaient neutraliser les opérations de Tchitchagoff, qui reste seul solidaire du triste résultat de cette campagne. Ses contemporains l'ont unanimement condamné, et la postérité ne saurait l'absoudre sur la foi de ses mémoires.

TABLE DES CHAPITRES.

Avant-propos. . . . . ɪ
Chapitre I. — Opérations de Tchitchagoff et de Sacken. 67
Chapitre II. — Opérations qui ont précédé le passage de la Bérésina. . . 117
Chapitre III. — Passage de la Bérésina par Napoléon. 175

FIN DE LA TABLE.

www.ingramcontent.com/pod-product-compliance
Lightning Source LLC
Chambersburg PA
CBHW050327170426
43200CB00009BA/1497